recevoir aux beaux jours

ÉDITIONS DU CHÊNE ET MARIE CLAIRE MAISON

recevoir aux beaux jours

SOUS LA DIRECTION DE
CAROLINE TINÉ

RECETTES
JACQUELINE SAULNIER

CONCEPTION
JEAN-PASCAL BILLAUD

CONCEPTION GRAPHIQUE
GWENN INSOLUBILE

plaisir des yeux, délices du goût

De belles et bonnes idées, c'est ce que nous vous proposons dans ce livre consacré au plaisir de recevoir. Depuis des années, nos équipes partent aux quatre coins de la France, et parfois au-delà, pour en rapporter un art de vivre combinant la beauté des lieux, des tables et des mets. En cinq chapitres, qui ouvrent par le potager et le verger, nous avons décliné nos recettes pour que déjeuners, goûters et soupers se dégustent au plus près de la nature et de sa fraîcheur. Un livre de belles images, mais aussi de quelque cent recettes simples ou inspirées, qui racontent la fête des sens, de la gourmandise et de l'amitié. Au-delà d'une ambiance propice à réveiller les appétits, ce sont de délicieux moments de charme et de raffinement que nous vous proposons de partager, dès l'arrivée des beaux jours.

sommaire

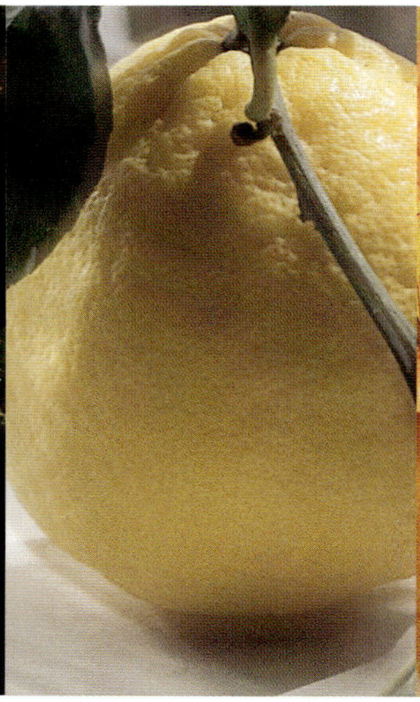

potager

verger

fraîcheur

pâtes

pique-nique

PREMIERS INGRÉDIENTS
DU BONHEUR DE RECEVOIR,
LES LÉGUMES, FRAÎCHEMENT
SURGIS DE LEUR LOPIN
DE TERRE OU SIMPLEMENT
GLANÉS AU MARCHÉ,
AGRÉMENTENT, DÈS LEUR
PRIMEUR, NOS TABLES
DES BEAUX JOURS.

potager

VARIATIONS CAMPAGNARDES AUTOUR DES ASPERGES

SALADE D'ASPERGES ET DE LANGOUSTINES P.32

L'asperge est la première à sortir de son sommeil, enfouie dans l'hiver et la terre. Blanche, violette et verte, elle colore les plats de viandes blanches, de volailles ou de crustacés. Tous les caprices culinaires sont autorisés : nature, accompagnée d'une sauce légère, ou élaborée en charlotte, comme une couronne de verdure. Pour ce premier déjeuner de printemps entre amis, elle s'accorde avec des langoustines fraîchement parfumées, ainsi qu'avec du rôti de veau. Une abondance de vaisselles, spécifiques ou non, se met au service de sa personnalité particulière.

CHARLOTTE
D'ASPERGES P.33

De par son statut raffiné, l'asperge appelle l'originalité. Dès la cuisson, on l'installe dans un ustensile spécialement conçu à cet effet, dans lequel ses pointes s'attendrissent hors de l'eau. Il existe quantité de « barbottines » moulées pour sa forme allongée, en grosse terre cuite vernissée, pour présenter les asperges avec la considération qui leur est due. On les flatte en les couchant dans des plats en cristal anciens, ou dans des céramiques façon terroir. On leur donne une dimension artistique dans des plats découpés, alambiqués, qui les exposent de façon presque théâtrale et on les sert avec de larges pinces argentées. De manière générale, l'asperge fait partie d'une table plutôt sophistiquée, aux assiettes décorées, aux verreries façonnées. Cette éclatante mise en scène est disposée sur une lourde nappe en piqué de coton aux motifs chamarrés recouvrant une table dressée à l'ombre des premières frondaisons des marronniers d'Ile-de-France.

ROULADES DE POISSON
AUX ASPERGES P.32

RÔTI DE VEAU
AU COULIS D'ASPERGES P.33

PETITS LÉGUMES DE PRINTEMPS

Un air de fête règne dans les potagers. Le premier soleil y fait papilloter les couleurs. Les rangées de scaroles, de laitues et de frisées s'ordonnent en textures variées. Après les soins apportés à la terre, l'heure des bombances a enfin sonné. Tous ceux qui ont donné un coup de main, pioché, biné, nettoyé, cueilli sont conviés. Le panier rempli de légumes frais suscite mille envies. Dans le Sud, on concilie le fenouil et le mesclun avec les calamars, les moules et les coques de Méditerranée. On y accommode les petits artichauts violets appelés « mourre-de-cat » avec des pois et des asperges pour une « barbouillade » succulente.

▼ BARBOUILLADE DE FÈVES AUX ARTICHAUTS P.34

▲ CONCOMBRES FARCIS AUX ŒUFS MIMOSA P.34

Plus septentrionaux, les concombres se farcissent d'œufs mimosa, les navets, d'avocats et de pistaches, et les radis se découpent en pétales pour embellir les salades. Sortis de leur potager, les légumes s'accommodent de très simples effets. Ils appellent la décontraction et la fraîcheur sur la table. Pas d'emphase dans le service, mais une table nappée d'un imprimé ou ponctuée de sets unis. Assiettes, verres et bols aux coloris pimpants, transparents comme la lumière, tous s'effacent devant la perfection naturelle du contenu. Une bonne idée pour faire entrer encore plus de printemps sur la table : mélanger aux plats des fleurs des champs comme le pissenlit et les feuilles tendres des légumes pour combiner le plaisir des yeux à celui des papilles.

SALADE DE SUPIONS AUX FLEURS DE PISSENLITS P.34

LES SOUPES FRAÎCHES DU LUBÉRON

C'est l'été et, de l'apéritif au dessert, c'est la fête des soupes dans le joli jardin du mas de Tourteron. Ces soupes légères, version grandes vacances, plus proches des boissons rafraîchissantes que des lourds potages hivernaux, enchanteront les convives détendus quand l'été brûlant les rassemblera, dans l'ombre des patios. Juste fraîches ou vraiment glacées, elles prennent un air de fête, chatoyantes dans leurs assiettes creuses, coupes, bols, coupelles, verres, jattes et autres pots à confiture, toutes et tous déclinant les gammes de la transparence, du mat au brillant, de l'opaque au translucide.

SOUPE DE ROQUETTE P.35

GASPACHO DE CONCOMBRE P.35

▼ SOUPE DE PÊCHE
VERVEINE-CITRONNELLE P.35

◀ **SOUPE DE MELON APÉRITIVE** P.35

▲ **COMPOTÉE DE RHUBARBE** P.36

Pourquoi ne pas les servir dans des récipients, même dépareillés, pour exalter leurs textures et leurs couleurs ? On jongle aussi avec les bols, accessoires culinaires banals, mais qui se montrent de plus en plus à table et se déclinent dans tous les styles et les formes. Marions-les comme s'unissent, en été, les copeaux de parmesan aux feuilles de roquette, la menthe ciselée à la chair du concombre, les sommités de fenouil aux lourds melons, la rhubarbe effilée au miel d'acacia. Les nappes seront simples, blanches, empesées, peut-être ajourées, pour s'harmoniser avec ces arc-en-ciel du goût, et le tout se dégustera grâce à des cuillers en cristal. Dans les carafes embuées, de l'eau, réveillée d'un zeste de citron ou d'une feuille de menthe, ou des vins blancs pâles, continueront les jeux de la clarté et du hasard.

AOÏLI À L'ANGLAISE CHEZ SIR TERENCE CONRAN

Dans la vaste cuisine salle à manger du mas de Brunelys, des Anglais, plus provençaux que londoniens, mêlés à des Parisiens, plus proches de la Sorgue que de la Seine, s'affairent : c'est enfin le week-end du « grand aïoli », à l'anglaise, car la morue en est ici la vedette au milieu de légumes bouillis. La longue table de chêne, si utile pour y faire parader tous les ingrédients odorants, est dominée par un vaisselier où s'exhibent, harmonieusement mélangés, les céramiques des pays du soleil et les basiques d'*Habitat* et du *Conran Shop*, deux grandes maisons dédiées aux accessoires du bien-vivre, où sir Terence a depuis longtemps prouvé son amour d'une province qui sent bon l'ail et les herbes de la garrigue. Dans les assiettes en faïence mouchetée transalpine, les moules au beurre d'ail font la ronde. Les plats en terre vernissée mêlent leurs rustiques décors aux délicates porcelaines blanches qui accueilleront au dessert les pêches ivres de vin, fleurant le romarin.

◀ MOULES FARCIES AU BEURRE D'AIL P.36

Sir Terence Conran a toujours fait rimer la cuisine avec l'art de vivre à la provençale. Une fois à table, il dissertera sur l'huile d'olive, son assaisonnement préféré, dont il s'emploie à dénicher crus et millésimes, et en profitera pour évoquer son potager et ses légumes qu'il arrose d'un filet d'huile après les avoir fait griller. Il rythmera son discours avec un pilon, au-dessus d'un mortier de marbre où repose la mayonnaise fortement aillée. Une planche de bois, un hachoir, de bons couteaux à découper, de grands plats solides et rectangulaires, tels sont les accessoires indispensables à l'art du « grand aïoli ». Des serviettes de lin blanc et épais, découpées dans des draps de métis trouvés aux marchés des villages voisins, volent de main en main au-dessus du bois de la table laissée nue pour mieux s'imprégner de toutes ces saveurs. Un repas loin des brumes britanniques qui sent bon la mer et le terroir, servi accompagné du chant des cigales.

▼ LE GRAND AÏOLI P.36

▲ **PÊCHES DE VIGNE AU VIN ET ROMARIN** P.36

▲ **MOULES AU POIVRON ET À L'OIGNON** P.37

▼ **AUBERGINES ET POIVRONS À LA BRAISE** P.37

L'HEURE DES TAPAS

C'était à l'origine, sur le zinc des sonores *bodegas* espagnoles, une tranche de pain posée sur les verres de *tinto* (vin rouge) qui servait de protection (*tapa*) contre l'intrusion des guêpes et autres insectes alcooliques. Puis on la croqua, en tartine, garnie de toutes sortes de charcuteries et de fromages. Au fil du temps, le quignon de pain s'est enrichi d'une ribambelle de petits plats destinés à caler les buveurs des petits vins traîtres des coteaux espagnols. Chaque coin du royaume, de la Galice à l'Andalousie, en propose sa version. Dans les îles Baléares, à Ibiza, c'est dans une *finca* transformée en auberge qu'elles prennent les saveurs des campagnes et des rivages alentour. L'heure de l'apéritif, et donc des tapas, peut se prolonger tellement que ces hors-d'œuvre deviennent un vrai repas, quand sous la tonnelle les plats se fardent de couleurs aussi chaudes que les braises sur lesquelles ils cuisent.

SALADE DE POULPES P.37

Une joyeuse bande d'affamés, par l'odeur alléchés, guettent, autour de la table en mosaïque de carrelages, l'apparition des légumes de *l'escalivada*, grillés sur la braise. Puis, gambas, fèves, anchois, poivrons, moules et oignons, luisants d'huile d'olive et savamment assortis, sont disposés dans de grands plats aux couleurs d'argile cuits et vernis ou plus simplement sur des grands plateaux de métal. Des matières comme le raphia, l'osier ou le buis leur vont également bien au teint. Plus rustiques que sophistiqués, tout leur raffinement réside dans la préparation et la fraîcheur de leurs ingrédients. Au fil des saisons, les tapas espagnoles nous parlent toujours de vacances.

FÈVES OU POIS CHICHES AU CUMIN P.37

◀ SOUPE
DE POIVRON P.37

VARIATIONS CAMPAGNARDES AUTOUR DES ASPERGES

Salade d'asperges et de langoustines *

■ *1 kg d'asperges vertes*
16 belles langoustines
1 l de court-bouillon
1 branche d'estragon
2 branches de cerfeuil
quelques jeunes feuilles d'épinards, de pourpier, de roquette, de mâche ou de cresson
1 bottillon de ciboulette
gros sel

■ *Pour la sauce*
4 c. à s. d'huile d'olive
le jus d'un citron non traité
1 c. à c. de moutarde forte de Dijon
1 c. à s. de crème fraîche épaisse
1 jaune d'œuf

▪ Portez le court-bouillon à ébullition, jetez-y les langoustines pour 1 min. Retirez-les avec l'écumoire, égouttez. Laissez réduire le liquide à feu doux.
▪ Bottelez les asperges épluchées et cuisez-les à l'eau bouillante salée. Egouttez-les et posez-les sur un linge.
▪ Effeuillez et ciselez finement les herbes.
▪ Lavez, essorez les salades. Détachez les feuilles.
▪ Décortiquez les queues de langoustines. Jetez dans le court-bouillon les têtes et les carapaces.
▪ Coupez les asperges en petits morceaux.
▪ Préparez la sauce : battez dans un bol le jaune d'œuf avec la crème, la moutarde, le sel, le poivre et le jus de citron. Lorsque le mélange est homogène, réservez.
▪ Prélevez les têtes du bouillon et mixez-les avec un verre de court-bouillon. Passez celui-ci au chinois. Conservez-le au frais. Passez la purée obtenue au chinois au-dessus d'un bol.
▪ Rincez le bol du mixeur et remettez le jus passé avec l'huile d'olive. Mixez pour émulsionner.
▪ Versez ensuite sur le mélange du bol tout en travaillant à la cuillère pour avoir une sauce onctueuse.
▪ Dans un saladier, mêlez les feuilles de salade et les 2/3 des herbes.
▪ Ajoutez la moitié de la sauce, mélangez délicatement. Déposez dessus les queues de langoustines, les morceaux d'asperges et nappez du reste de sauce. Parsemez d'herbes et servez sur des assiettes froides. **PAGE 13**

Roulade de poisson aux asperges ***

■ *6 filets de sole ou de barbue*
2 bottes d'asperges sauvages ou de très petites asperges vertes
50 g de champignons de Paris
4 échalotes grises
40 g de beurre
20 cl de crème épaisse
40 cl de fumet de poisson ou de court-bouillon
1 c. à café de graines de moutarde
1 citron
quelques brins de cerfeuil
sel, 1 pincée de cayenne

▪ Lavez, séchez le citron, prélevez la peau sans entraîner de chair blanche et taillez en fines lanières. Blanchissez pendant quelques minutes puis égouttez et réservez.
▪ Nettoyez bien les champignons, hachez-les finement ainsi que les échalotes.
▪ Chauffez le beurre dans une casserole inoxydable posée sur feu moyen. Jetez-y le hachis d'échalotes et remuez de temps en temps pendant 3 min.
▪ Ajoutez les champignons, quelques gouttes de citron, sel et poivre, couvrez et baissez le feu. Laissez suer et confire.
▪ Blanchissez à l'eau bouillante salée les asperges juste lavées et raccourcies. Égouttez-les et tenez-les au chaud dans un linge.
▪ Mixez la cuisson champignons-échalotes après l'avoir fait tiédir avec un peu de son jus, de façon à obtenir une purée crémeuse.
▪ Ajoutez la crème et rectifiez l'assaisonnement.
▪ Posez les filets de poisson sur un plan de travail, étalez sur chaque une bonne cuillère de purée, rangez 1/6 des asperges, pointes en dehors.
▪ Roulez chaque filet et fixez avec une pique en bois.
▪ Choisissez un faitout à la taille des 6 filets et de bords assez hauts pour y cuire les filets debout.
▪ Versez le fumet, ajoutez les queues de cerfeuil, (feuilles réservées), et les graines de moutarde.
▪ Portez à ébullition à feu vif, retirez du feu et laissez infuser 5 min.
▪ À l'aide d'une écumoire, déposez les roulés dans le récipient, le fumet doit recouvrir le poisson, mais pas les pointes d'asperges. S'il manque du liquide, rajoutez de l'eau citronnée.
▪ Remettez sur feu doux et faites frémir, sans bouillir, 6 min. environ.
▪ Arrêtez le feu ensuite, couvrez et laissez pocher encore 1 min. ou 2, selon que vous aimez le poisson plus ou moins cuit.
▪ Chauffez un plat, retirez les filets avec l'écumoire, posez-les dessus.
▪ Versez un peu de fumet de cuisson dans une petite casserole, posez-la sur feu vif pour faire réduire et ajoutez, en fouettant, le reste de la purée mixée.
▪ Lorsque la sauce épaissit, retirez du feu et arrosez-en les filets.
▪ Parsemez de lanières de citron et de pluches de cerfeuil. Servez aussitôt sur des assiettes chaudes. **PAGE 14**

Charlotte d'asperges ***

- *3 bottes d'asperges vertes*
3 échalotes grises
50 g de beurre
1 c. à s. de farine
20 cl de crème fleurette
4 feuilles de gélatine
30 cl de crème fraîche épaisse
1 pincée de quatre-épices
sel, poivre blanc

▪ Choisissez un moule haut.
▪ Nettoyez les asperges, supprimez la base dure et mettez-les dans de l'eau fraîche.
▪ Coupez assez de pointes pour garnir le fond du moule en étoile. Taillez le reste des asperges de la hauteur du moule.
▪ Prélevez les pointes des asperges restantes.
▪ Faites cuire 12 min les tiges sans pointes, réservées, à l'eau bouillante salée, 10 min les asperges et les pointes. Égouttez et déposez sur un linge.
▪ Pendant ce temps, épluchez et hachez les échalotes que vous jetez dans une petite casserole où vous faites fondre le beurre.
▪ Faites compoter le hachis à feu doux. Avant qu'il ne commence à colorer, saupoudrez-le de farine, remuez et laissez cuire 5 min jusqu'à ce que le mélange mousse.
▪ Retirez du feu, mouillez avec la crème fleurette et remettez sur le feu à épaissir en tournant souvent. Salez et poivrez au moulin.
▪ Faites ramollir la gélatine à l'eau fraîche.
▪ Mixez les tiges cuites et versez la purée obtenue dans un chinois pour l'égoutter encore.
▪ Garnissez le fond du moule avec les pointes réservées, les autres seront coupées en tronçons pour décorer l'intérieur de la charlotte.
▪ Disposez les asperges contre la paroi du moule, la pointe vers le fond. Froissez une feuille de papier absorbant et comblez-en le vide -provisoire- du moule.
▪ Retirez la "béchamel" du feu, versez-la dans une jatte, ajoutez la pointe de quatre-épices ou de la muscade.
▪ Égouttez la gélatine, ajoutez-la dans la sauce encore chaude, remuez jusqu'à ce qu'elle soit fondue.
▪ Ajoutez la purée des tiges d'asperges, mélangez puis fouettez la crème épaisse avec une pincée de sel. Incorporez-la dans la sauce de la jatte en soulevant du fond vers le haut avec précaution.
▪ Retirez délicatement le papier du moule.
▪ Cuillerée par cuillerée, versez le mélange puis disposez une couche de pointes et de rondelles bien vertes. Continuez ainsi jusqu'en haut du moule.
▪ Recouvrez le moule d'une feuille de film alimentaire et entreposez au froid 3h au moins.
▪ Démoulez et servez avec une vinaigrette à la moutarde ancienne, un coulis de poivrons ou de tomates. **PAGE 14**

Rôti de veau au coulis d'asperges **

- *1,4 kg de noix de veau*
1 bottes d'asperges vertes ou blanches
100 g de blancs de poireaux
40 g de beurre
15 cl de vin blanc sec
10 cl de bouillon de volaille
1 branche d'estragon
1 jaune d'œuf
2 c. à s. de crème épaisse
sel, poivre

▪ Épluchez les blancs des poireaux et coupez-les en rondelles.
▪ Chauffez le beurre dans une cocotte. Faites dorer le rôti, salé au préalable, de tous les côtés et sur un feu assez vif pour bien saisir.
▪ Répartissez les blancs de poireaux autour de la viande, baissez le feu, et faites-les dorer en les retournant.
▪ Effeuillez l'estragon, réservez les feuilles et la tige séparément.
▪ Mouillez la viande avec le bouillon et le vin blanc, ajoutez la tige d'estragon, sel, poivre, couvrez et laissez mijoter à feu doux 1 h.
▪ Épluchez les asperges blanches, supprimez simplement le bout des vertes, lavez-les, séchez-les et ensuite coupez-les en tronçons de 3 cm en réservant la partie tendre (5 cm).
▪ Après 1 h, ajoutez-les tronçons d'asperges au rôti. Couvrez et laissez cuire 10 min, toujours à feu doux.
▪ Ajoutez les pointes et recouvrez pour 5 min.
▪ Chauffez plat de service, saucière et assiettes.
▪ Déposez la viande sur le plat. Avec une écumoire, prélevez les pointes vertes. Tenez au chaud.
▪ Mixez le jus de cuisson avec les tronçons d'asperges, après avoir jeté la tige d'estragon. Tournez pour obtenir une sauce liquide que vous versez dans une casserole, avec crème fraîche et jaune d'œuf.
▪ Posez sur feu doux et fouettez en tournant pour lier (sans faire bouillir).
▪ Ajoutez les feuilles d'estragon réservées, retirez du feu.
▪ Coupez le veau en tranches et nappez-le de sauce. Versez le reste dans la saucière brûlante.
▪ Disposez les pointes d'asperges autour des tranches et servez avec le même vin blanc frais. **PAGE 15**

PETITS LÉGUMES DE PRINTEMPS

Barbouillade de fèves aux artichauts **

- *12 petits artichauts violets*
- *1 kg de fèves nouvelles*
- *1 oignon jaune ou blanc moyen*
- *1 botte de petits oignons blancs*
- *500 g de pois gourmands*
- *1 bottes d'asperges vertes*
- *3 grains d'ail*
- *1 bouquet garni*
- *200 g de lard de poitrine*
- *1 c. à s. d'huile d'olive*
- *2 verres de blanc de Provence*
- *1 citron*
- *sel, poivre*

- Retirez les premières feuilles des artichauts, appelés "mourre-de-cat" (museau de chat), en Provence.
- Coupez-les en deux ou en quatre et citronnez-les sur toutes les faces.
- Écossez les fèves, épluchez les petits oignons en leur laissant le maximum de queue verte, l'ail. Effilez les pois, pelez les asperges.
- Taillez le lard en bâtonnets, épluchez et ciselez le gros oignon.
- Dans une large cocotte, versez 1 c. à c. d'huile d'olive.
- Répartissez le hachis d'oignon et les lardons, posez le récipient sur feu moyen.
- Dès que les oignons commencent à blondir, retirez-les dans un plat de service.
- À leur place, mettez les artichauts, 5 min puis les petits oignons, 2 min. Ajoutez les tiges d'asperges coupées en tronçons de 2 cm sauf le bout vert que vous réservez.
- Après 3 min, ajoutez les fèves et les pois, puis, après avoir mélangé, l'ail, le reste d'huile, le bouquet garni, les lardons et l'oignon ciselé.
- Mouillez avec le vin blanc et, toujours à feu très moyen, laissez arriver à ébullition. Baissez-le pour avoir un petit mais régulier frémissement. Couvrez aux 2/3, pas plus, pour conserver du liquide et une jolie couleur verte.
- Continuez la cuisson à feu doux 5 min.
- Goûtez et assaisonnez.
- Ajoutez les pointes d'asperges en les enfonçant dans le jus pour 2 min.
- Éteignez, enlevez le bouquet garni.
- Servez très chaud. **PAGE 18**

Concombres farcis aux œufs mimosa **

- *2 concombres moyens*
- *5 œufs durs*
- *3 petits suisses ou 1 chèvre frais*
- *2 gousses d'ail*
- *1 échalote*
- *1/4 c. à s. de purée de piment*
- *1/2 c. à s. de purée d'anchois*
- *1 c. à s. d'huile de sésame ou d'olive*
- *citron*
- *cerfeuil ou persil plat*
- *sel, poivre et gros sel*

- Lavez les concombres, essuyez-les, pelez-les en laissant 2 lanières vertes sur trois, supprimez les deux extrémités et coupez en tronçons de 4 cm.
- Creusez chaque tronçon au centre en laissant 1/2 cm d'épaisseur sur les côtés et 1 cm au fond.
- Salez l'intérieur et retournez-les pour les faire dégorger pendant 30 min.
- Écalez les œufs durs, séparez les jaunes des blancs et passez-les chacun à leur tour à la moulinette.
- Pelez, écrasez et pilez l'ail.
- Ciselez l'échalote.
- Mettez dans une jatte avec les petits suisses ou le chèvre frais, ajoutez la moitié des jaunes durs et travaillez à la cuiller pour obtenir une pâte souple.
- Ajoutez la moitié des blancs, puis la purée de piment et celle d'anchois (on les trouve toutes préparées).
- Détendez le tout avec l'huile choisie en battant à la cuillère pour obtenir une crème légère.
- Goûtez et rectifiez en sel et poivre, relevez d'un trait de jus de citron.
- Redressez les tronçons de concombre, rincez-les avec du jus de citron (ou du vinaigre), séchez-les et remplissez-les de farce en formant un léger dôme.
- Déposez-les sur un plat et saupoudrez-les de blanc réservé -qui formera un semis neigeux en fond du plat- puis du jaune, particulièrement sur chaque tronçon de concombre.
- Décorez d'un plumet de cerfeuil ou de persil plat.
- Servez frais. **PAGE 18**

Salade de supions aux fleurs de pissenlits ***

- *1 kg de supions ou de calamars*
- *1 litre de moules*
- *1 litre de coques*
- *1 gros oignon*
- *2 c. à s. d'huile d'olive*
- *2 bulbes de fenouil*
- *1 botte de persil plat*
- *1 verre de vin blanc (Provence)*
- *1 citron*
- *1 pincée de piment doux*
- *1 bonne poignée de salade mélangée et de pissenlits*

- Nettoyez les calamars : tenez le corps d'une main et de l'autre, tirez la tête en tournant légèrement. Rincez l'intérieur et retirez la pellicule extérieure. Ne gardez que les tentacules.
- Séchez le tout et réservez.
- Rincez les coques, égouttez-les, faites-les tremper dans de l'eau très salée.
- Nettoyez les moules, rincez-les. Mettez-les dans une sauteuse avec un filet d'huile et le vin blanc, faites ouvrir rapidement à feu vif.
- Retirez-les dans une passoire au-dessus d'un récipient pour garder leur jus.
- Lavez et émincez les bulbes de fenouil après avoir retiré les feuilles les

plus dures ; hachées grossièrement, elles rejoindront l'oignon émincé dans un faitout avec une cuillère d'huile, les corps des calamars coupés en anneaux et les queues du persil.
- Posez le récipient sur feu vif et en le secouant régulièrement.
- Faites cuire de façon à ce que les calamars rendent leur eau (environ 5 min).
- Baissez le feu, saupoudrez de piment, laissez cuire 3 à 4 min, puis ajoutez fenouil émincé, vin blanc, jus de cuisson filtré et un bon morceau de zeste de citron.
- Cuisez encore 2 min, ajoutez les tentacules.
- Nettoyez et séchez les salades. Ajoutez le persil ciselé, les coques et les moules, juste pour les réchauffer, éteignez.
- Versez dans une passoire au-dessus d'une casserole.
- Faites réduire de moitié.
- Pressez le citron, rectifiez l'assaisonnement. Ajoutez le reste d'huile et le citron.
- Mélangez fruits de mer et salades. Placez tentacules et pissenlits. Arrosez de jus. Servez tiède. PAGE 19

Soupe à la roquette *

650 g de roquette triée
12,5 cl d'huile d'olive
12,5 cl de bouillon de volaille
65 g de parmesan
petits croûtons de pain frits
1 c. à c. de vinaigre balsamique
sel, poivre

- Lavez et séchez des feuilles de roquette choisies petites.
- Gardez les plus jolies et les plus tendres.
- Faites blanchir l'autre moitié à l'eau bouillante salée 2 min, égouttez, passez rapidement à l'eau glacée, égouttez et séchez.
- Chauffez le bouillon.
- Versez l'huile d'olive dans le bol du mixeur, ajoutez la roquette crue et le poivre. Une fois en purée, ajoutez la roquette cuite, puis, progressivement, le bouillon.
- Mixez jusqu'à obtention d'une purée fine.
- Versez dans une soupière froide en ajoutant le sel et le vinaigre balsamique.
- Présentez à part des copeaux de parmesan et des petits croûtons frits.
- Cette soupe peut être servie chaude (avec une c. de crème fraîche) ou froide.

PAGE 20

Gaspacho de concombres *

3 concombres moyens lourds et pas trop gros
1 verre (17,5 cl env.)
3 c. à s. de vinaigre de vin vieux rouge
50 g de fromage blanc frais (chèvre ou brebis)
1 petit bouquet de menthe
sel, poivre noir du moulin

- Coupez les extrémités de 2 des concombres sur 1 cm, pelez-en deux.
- Taillez le dernier sans le peler, en très petits cubes.
- Effeuillez la menthe, réservez 6 touffes et ciselez les autres feuilles.
- Mixez les concombres pelés avec huile, vinaigre, sel, poivre, et fromage blanc.
- Ajoutez la moitié des feuilles et, au bout de 3 secondes, arrêtez.
- Versez dans des assiettes préalablement refroidies.
- Parsemez-les de cubes de concombre et décorez au centre d'une touffe de feuilles de menthe.
- Servez frais. PAGE 21

Soupe de pêche verveine-citronnelle *

500 g de sucre
1 bouquet de verveine-citronnelle
2 kg de pêches
10 cl de jus de citron

- La veille, faites bouillir le sucre dans un litre d'eau pendant 1/2 heure.
- Lorsqu'il reste à peu près 1 litre de sirop, mettez-y à infuser le bouquet de verveine-citronnelle.
- Pelez les pêches bien mûres après les avoir trempées 2 minutes dans l'eau bouillante (la peau partira plus facilement).
- Ôtez les noyaux et réservez la moitié des fruits dans un endroit frais.
- Mixez le reste et l'ajoutez au sirop refroidi avec 10 cl de jus de citron.
- Réservez au réfrigérateur.
- Le lendemain, mixez les pêches réservées et ajoutez-les à la soupe avant de la servir très fraîche, décorée d'une jolie branche de verveine-citronnelle. PAGE 22

Soupe de melon apéritive *

4 melons bien lourds
3 c. à s. de pastis
quelques sommités de fenouil sauvage
6 glaçons
sel, poivre noir du moulin

- Choisissez des melons lourds, mûrs et parfumés avec autour, du "pécout" (le pédoncule en provençal), des gouttes de sucre.
- Pelez et épépinez-en 3.
- Ouvrez le dernier et, après avoir retiré les graines et les filaments, prélevez, avec une cuillère à pommes parisiennes, le plus possible de petites boules.
- Mettez-les au frais.
- Mixez la chair des 3 melons avec les glaçons pilés et le pastis.
- Versez la soupe dans une jolie coupe et entreposez au réfrigérateur.
- Au moment de servir, salez et poivrez, ajoutez les petites boules de melon et décorez de sommités de fenouil sauvage. PAGE 23

RECETTES INSPIRÉES PAR ELISABETH BOURGEOIS DU MAS TOURTERON, À GORDES

LES SOUPES FRAÎCHES

Compotée de rhubarbe *

■ *1 kg de rhubarbe*
15 g de beurre
100 g de miel d'acacia

- Lavez, séchez la rhubarbe.
- Épluchez-la en retirant les fils avec soin.
- Coupez-la en gros cubes.
- Dans un récipient non oxydable posé sur feu doux, faites fondre et légèrement chauffer le beurre.
- Ajoutez la rhubarbe, versez le miel dessus, remuez avec une cuillère en bois et faites cuire 15 min, en remuant de temps en temps jusqu'à ce que la rhubarbe soit en compote.
- Laissez refroidir dans le récipient avant de verser dans une jatte que vous mettrez au froid.
- Servez glacé. PAGE 23

AÏOLI À L'ANGLAISE CHEZ SIR TERENCE CONRAN

Moules au beurre d'ail *

■ *48 grosses moules bien nettoyées*
30 cl de vin blanc
500 g de beurre amolli
4 gousses d'ail finement hachées
125 g de persil haché
2,5 cl d'absinthe ou de pastis

- Dans une grande casserole, versez le vin blanc (environ 3 verres), et laissez doucement chauffer.
- Au premier bouillon, ajoutez les moules. Recouvrez. Laissez cuire 3 min.
- Retirez les moules et débarrassez-les d'une moitié de leur coquille. Laissez refroidir à température ambiante.
- Mixez le beurre, le persil, l'ail, l'absinthe avec un peu de sel et un peu de poivre.
- Préchauffez le four à th 7.
- À l'aide d'un couteau plat, étalez soigneusement un peu du beurre mou sur chaque moule.
- Placez les moules dans un plat et saupoudrez avec la chapelure. Faites cuire environ 10 min jusqu'à ce que les moules grésillent dans leur coquille.
- Servez avec un demi-citron par personne. PAGE 26

Le grand aïoli ***

Pour 8 personnes
Une belle morue épluchée (fraîche ou salée) de 8 livres
■ *Pour le court-bouillon*
eau, vinaigre
2 carottes
4 branches de céleri
16 mini-carottes
8 artichauts moyens
1 livre de haricots verts
1 livre de petites pommes
une petite boîte d'escargots
8 œufs
2 poireaux
piments secs
laurier, thym, sel
■ *Pour l'aïoli*
2 jaunes d'œufs
4 gousses d'ail
1/2 l d'huile d'olive vierge
le jus de 2 citrons
sel, poivre

- Sortez votre plus grande poissonnière.
- Pelez les carottes, lavez les poireaux et coupez-les, avec le céleri en petits morceaux.
- Placez-les dans la marmite, recouvrez d'eau. Ajoutez piments, thym et laurier.
- Placez le poisson au milieu et faites chauffer le court-bouillon, laissez frémir pendant 10 min.
- Éteignez, recouvrez et laissez le poisson dans l'eau jusqu'au moment de servir, il finira de cuire.
- Faites cuire dans l'eau salée tous les autres légumes.
- Gardez-les au chaud.
- Faites chauffer les escargots dans leur jus.
- Faites cuire les œufs durs pendant 7 min.
- Pour l'aïoli : écrasez les gousses d'ail pelées dans le mortier avec du sel fin.
- Ajoutez les jaunes d'œufs et mélangez. Goutte à goutte, versez l'huile d'olive. Ramollissez le mélange avec le jus d'un demi-citron. Épuisez l'huile et le citron. Poivrez. (Vous pouvez aussi utiliser un mixeur.)
- Égouttez bien la morue que vous aviez laissée dans son court-bouillon.
- Placez-la au centre d'un grand plat.
- Disposez joliment les légumes autour, dispersez les œufs non écalés dessus, ainsi que les escargots et le persil.
- Servez l'aïoli dans une grande saucière. PAGE 26

Pêche de vigne au vin et romarin *

■ *4 pêches de vigne*
1/2 bouteille de vin rouge
125 g de sucre
2 rameaux de romarin

- Mélangez ensemble le vin rouge, le romarin et le sucre dans une petite casserole.
- Faites bouillir 15 minutes.
- Ajoutez les pêches et faites-les pocher pendant 20 minutes.
- Laissez refroidir.
- Quand elles sont froides, pelez-les délicatement et replacez-les dans le sirop.
- Servez dans un saladier avec de la crème fraîche. PAGE 27

RECETTES INSPIRÉES PAR SIMON HOPKINSON, CHEF DU RESTAURANT BIBENDUM, À LONDRES

Moules au poivron et à l'oignon *

750 g de grosses moules
125 ml de vin blanc sec
1/2 poivron vert
1/2 poivron rouge
1/2 oignon
2 cuillers à soupe
de jus de citron
sel, poivre

- Faites chauffer le vin dans une casserole. Poivrez.
- Jetez-y les moules. Couvrez et laissez cuire 2 à 3 minutes.
- Dès que les moules sont ouvertes, égouttez-les.
- Détachez-les et posez chacune sur 1/2 coquille.
- Coupez les poivrons et l'oignon en petits morceaux.
- Disposez-les sur les moules et ajoutez un filet de citron. PAGE 29

Aubergines et poivrons à la braise *

6 petites aubergines
(200 g environ)
6 poivrons rouges
1 boîte d'anchois à l'huile
4 c. à s. d'huile d'olive

Le titre original de cette recette est l'*escalivada* qui vient du verbe *escalivar*, cuire à la braise. Pour des raisons pratiques, nous l'avons réalisée sur la grille du four.

- Faites cuire les poivrons et les aubergines sur la grille du 3/4 d'heure.
- Détachez les queues des aubergines, la peau doit partir sans problèmes.
- Ôtez la peau des poivrons et les pépins.
- Coupez-les en longueur. Dans un plat, disposez, sur chaque aubergine, des lanières de poivron, puis les anchois.
- Ajoutez un filet d'huile d'olive. PAGE 29

Salade de poulpes *

1 poulpe entier coupé
en petits morceaux
2 poivrons rouges
2 poivrons verts
1 oignon
persil
1 c. à s. de vinaigre
3 c. à s. d'huile d'olive

- Faites bouillir pendant 3/4 d'heure les poulpes dans l'eau salée.
- Égouttez-les, puis passez-les sous l'eau froide.
- Assaisonnez avec les poivrons et l'oignon coupés très finement.
- Ajoutez l'huile d'olive, le vinaigre, le sel, le poivre et le persil.
- Servez bien frais. PAGE 30

Fèves ou pois chiches au cumin *

1 kg de fèves avec cosses
ou de pois chiches
huile d'olive
1 c. à c. de cumin
et de coriandre coupés fin
sel, poivre

- Écossez les fèves.
- Faites-les bouillir 5 min.
- Égouttez et faites-les refroidir dans de l'eau.
- Enlevez la peau en pinçant la fève entre le pouce et l'index. La peau glisse.
- Pour les pois chiches, faites-les tremper la veille et cuire environ 1 heure en les mettant dans de l'eau froide, salée seulement à la fin de la cuisson.
- Mélangez fèves, ou pois chiches tièdes ou froids avec l'huile d'olive, le sel, le poivre, le cumin et la coriandre. PAGE 31

Soupe de poivron *

1 kg de poivrons rouges
2 tomates
2 pommes de terre
1c. à c. de sucre
coriandre
huile d'olive
quelques fèves (facultatif)
sel, poivre

- Faites cuire les poivrons dans le four pendant 30 à 45 min.
- Enlevez la peau.
- Faites cuire les pommes de terre.
- Plongez les tomates 2 min dans l'eau bouillante pour enlever la peau.
- Mixez le tout avec le sucre.
- Salez, poivrez. Si vous mettez des fèves, ébouillantez-les également pour enlever la peau.
- Servez la soupe dans les assiettes, ajoutez un filet d'huile d'olive et la coriandre hachée finement.

PAGE 33

RECETTES INSPIRÉES PAR FRANÇOISE PIALOUX, HÔTEL LES TERRASSES, IBIZA

verger

LES COULEURS CHATOYANTES, DES FRUITS SONT DE PARFAITS PRÉTEXTES À TOUTES SORTES DE FÊTES. ILS SE PRÊTENT À DES COMBINAISONS SUCRÉES-SALÉES POUR PARTICIPER D'UN BOUT À L'AUTRE, À DES MENUS INSOLITES. ILS ENCHANTENT AUSSI, CRUS, MIJOTÉS OU GLACÉS, NOS DESSERTS ESTIVAUX.

UN GOÛTER À LA FERME

Dans une vieille bâtisse au cœur de la Touraine, jardin de la France, petits et grands se pressent dans la douceur de l'après-midi finissant autour de tables chargées de desserts très « cuisine française de toujours ». Des rhubarbes, des poires et des melons, en tartes et en terrines, et même, piquants et trompeurs, des poivrons cachés dans un bavarois, suggèrent l'abondance et la gourmandise bien tempérée. Bérénice, la maîtresse de ces lieux, a planté potager et verger à l'abri de murs fortifiés au XVe siècle, débordant de vignes vierges et d'un exubérant fouillis de plantes. Des capucines grimpantes, terreurs des pucerons, qu'on retrouve éclatantes sur les plats, encadrent les carrés de fruits et de légumes. Les motifs floraux sont partout pour cette fête de mai. Goûter à la ferme, c'est s'évader en pleine fantaisie.

▲ **TERRINE DE POIRES BÉRÉNICE** P.60

▼ **TARTE DE RHUBARBE ET DE FRUITS NOIRS** P.60

BAVAROIS
DE POIVRONS P.60

On jette sur les tréteaux, en guise de nappes, les grands draps, au chiffre de la famille, gardés dans les armoires, brodés et même rapiécés avec persévérance par les aïeules. On habille les tables en fer du jardin de grands tissus imprimés, de rideaux fleuris ou de vieux châles exotiques. On profite de ce goûter de conte de fées pour tout déguiser. Sur le buffet forcément désordonné, on mélange les styles : récipient en métal argenté aux motifs végétaux XIXe, assiettes peintes à la main par la grand-tante Adèle, couverts ajourés et lourdement chamarrés sortis de leurs écrins. La verrerie est fine et délicate, pour célébrer les vénérables bouteilles de vouvray moelleux. À côté de grands gobelets modernes, attend le thé glacé qui embue un pichet argenté. Au final on jette un peu partout branches, feuilles et pétales de roses campagnardes. Plus la nature est simple, plus elle permet l'audace.

SAVEURS, PARFUMS ET FANTAISIES AUTOUR DES FRUITS ROUGES

MARA DES BOIS
AU CASSIS P.61

Fraises des bois et des champs, framboises, groseilles et leurs cousines sont les divins fruits de l'été. Surtout quand ils sont cueillis, comme ici, dans les allées du prieuré de Notre-Dame-d'Orsan, dans le Berry, et préparés par Olympe, céleste et célèbre alchimiste des goûts venus du soleil. Avec elle, pour une dégustation réservée aux cueillettes, la mara des bois ose rencontrer l'olive noire et son huile parfumée au basilic, et s'arrose même d'anis et de porto. La framboise fleure la coriandre et la cannelle, et les grosses fraises se nichent dans des abricots rôtis, enivrés de muscats et de l'odeur du thym venus des coteaux et des maquis corses.

MOUSSE GLACÉE AUX TROIS FRUITS ROUGES P.61

FRAISES DES BOIS AU MUSCAT ET ABRICOTS RÔTIS P.61

FRUITS ROUGES AUX OLIVES NOIRES P.61

Pour se mettre l'eau à la bouche, on commence par grappiller un bouquet de fraises des bois au goût inaltéré et parfait, trempant dans une épaisse coupe de verre moulé qui accentue leur gracilité. Puis, dans une ribambelle de récipients transparents, translucides ou blanchâtres, on organise la parade de tous ces tons fruités, du vermillon au pourpre. On servira nos préparations dans des coupes et des ramequins aux formes simples, après les avoir présentées dans de grands saladiers en verre au design moderne et scandinave. Ne jamais hésiter à rehausser ces desserts de feuilles de menthe et de touches laiteuses de crème et de mascarpone. En guise de nappe, on utilise un tissu de coton aux rayures bayadères, du rose au violet pour jouer le ton sur ton, agrémenté de serviettes de lin aux couleurs pastel. Pour décorer la table, n'hésitez pas à disposer, entre les couverts ou sur des assiettes plates à volutes et ornements, des compositions de feuilles et de fruits délicatement givrés, en harmonie avec ces saveurs tout en fraîcheur.

LES CITRONS D'AMALFI

À l'apéritif, un cocktail vodka-citron sur de la glace pilée, servi avec des olives marinées dans le jus de citron.

GLACE AU CITRON P.62

Ils poussent face à la mer et cachent derrière une peau épaisse et granuleuse une pulpe exquise au goût très particulier. Est-ce dû à l'air salé de la Méditerranée qui caresse leurs terrasses escarpées ? Est-ce leur treillage de bois de laurier ou la mousseline noire dont on les recouvre pour les abriter des coups de froid ? Ou tout simplement la beauté de cette côte amalfitaine, au sud de Naples, et les charmes de ces jardins de fleurs et de citronniers, comme celui du palazzo Murat, où nous les dégustons en gourmands de passage. De l'apéritif au dessert, en granité ou en tisane, ils rafraîchissent le palais des voyageurs échauffés par les ardeurs du soleil italien.

On les trouve aussi sur nos marchés. À la maison, ils nous permettent de copier ces épiciers italiens qui n'hésitent pas à les marier, sur leurs étalages, avec des bouquets de piments, rouges comme des pétards. Pour eux, chargés de romances et d'exotisme, les vaisselles se font aériennes : verres soufflés, rehaussés de colombins bleus ou de torsades aux reflets d'aigues-marines, ou encore fines coupes de grès aux tons bleutés. Leur liqueur, le *limoncello*, se sert dans des carafes aux influences orientales. On pose l'ensemble sur des nappes et des sets de table aux tons mauves contrastant avec leur teint, et sur des tissages artisanaux pleins de rugosités, comme leur peau. Pour la présentation de ces délices acides, ajoutez, ici et là, zestes et rondelles, déco et parfum obligent...

GRANITÉ AU CITRON P.62

AMARETTI
AU CITRON P.62

Après le dîner, le plaisir de remplacer la tisane par un *canarino* brûlant. Infusé quelques secondes dans de l'eau bouillante, le citron libère les huiles essentielles qui favorisent la digestion.

LE CHÂTEAU DES POMMES ET DES POIRES

SOUPE GLACÉE AU CIDRE ET À LA VANILLE P.62

Pour faire chanter la fin de l'été dans un château féodal près de Namur, en Belgique, rien de tel que le duo pomme-poire. Crue, leur chair reste ferme, cuite elle devient fondante. Ici, on se régale d'une salade cosmique, « Terre, ciel et mer » où la pomme de terre de Noirmoutier rencontre la granny smith descendue de son arbre et les harengs de la mer du Nord, en une unique composition. Caramélisée, la pomme craque, en tarte tatin, pour son ami le canard. On se désaltère de grands verres de cidre fait maison, ce même cidre qui baigne la soupe glacée aux arômes venus des îles.

SALADE TERRE, CIEL ET MER p.63

TATIN DE POMMES AU MAGRET p.63

La table est dressée dans la prairie, au bord des douves, et l'ambiance de cette maison de famille, un peu bohème, se fait sentir jusque dans le moindre détail : pas de nappe, pour laisser briller la laque blanche de la table ronde et des chaises, de la vaisselle ancienne et des bocaux de verre, reproductions réalisées par la société familiale *Jadis au présent,* qu'on sort pour l'occasion des grandes armoires de bois clair. Une ambiance aux réminiscences XVIIe que cette famille d'artistes de la cuisine recrée, jusque dans la présentation des plats. Dans la clarté de la lumière wallonne, la transparence, une fois encore, laisse deviner toute la vigueur de ces compositions insolites.

LA TENTATION DES FIGUES

Humeurs campagnardes grecques ou toscanes pour ces fruits à la chair subtile, à la peau veloutée et au goût de miel. Au sortir de l'été, les derniers promeneurs les cueillent, vertes et violettes, et en font des festins. En entrée, on les enroule de lard, ou on les drape de fines tranches de jambon de pays. Pour fêter les derniers feux de l'été, on les mêle, toutes crues, découpées en rondelles et en quartiers, aux cigales de mer, cuites dans une nage de vin blanc, ou aux crevettes. Leur chair se prête particulièrement bien à la préparation de chutneys épicés ou aigre-doux, mêlant oignon, miel, curcuma et vin sucré. Pour des desserts succulents, on les fait mijoter très lentement dans des vins aussi rosés que les baies qui les parfument.

CHUTNEY DE MIEL AU MAURY P.64

FIGUES AU SIROP DE VIN ÉPICÉ P.64

SALADE MÉLI-MÉLO
DE FIGUES P.65

Nous avons demandé à une grande artiste de la céramique, Christiane Perrochon, de disposer nos recettes aux figues au creux de ses créations pour mettre en valeur leurs chairs irisées et leurs formes très symboliques. Dans des dégradés de couleurs froides, du céladon au bleu dur, dans des coupes aux formes irrégulières et des bols en grès, elle a composé des tableaux très graphiques ne s'autorisant, comme accessoires, que les torsades bicolores de verre de Murano et les lignes simples d'une carafe finlandaise. Sur une table de bois joliment brut, une branche de figuier de la campagne toscane qui environne son atelier sert, en toute simplicité, à compléter cette harmonieuse obsession.

CIGALES EN NAGE
DE CITRONNELLE P.65

UN GOÛTER À LA FERME

Terrine de poires Bérénice **

■ 1 kg de poires comices
1 bâton de vanille
1 petite boîte de lait concentré non sucré
150 g de sucre glace
35 cl de sauternes
3 feuilles de gélatine

▪ Choisissez un moule inoxydable et mettez-le au froid 30 min à l'avance.
▪ Pelez, épépinez les poires. Coupez-en la moitié en 2 et mettez-les à pocher dans le sauternes avec le bâton de vanille fendu en 2. Laissez cuire 10 min sur feu doux à partir de l'ébullition.
▪ Mixez le reste de poires et ajoutez le sucre d'abord, puis le lait. Mixez 10 secondes.
▪ Versez dans une jatte, mettez au frais.
▪ Faites ramollir la gélatine dans un peu d'eau fraîche.
▪ Égouttez les demi-poires pochées, émincez-les et réservez-les.
▪ Versez la gélatine égouttée dans le vin blanc tiède (vanille retirée) jusqu'à ce qu'elle soit fondue.
▪ Sortez le moule, versez un peu du mélange et tournez le récipient pour napper les parois. Remettez-le au froid, 5 minutes.
▪ Ressortez le moule, tapissez le fond et les côtés de lamelles de poires, remettez-le au froid.
▪ Réservez 1/2 verre de gelée et mélangez le reste à la mousse de poires.
▪ Sortez le moule, remplissez-le de ce mélange, nappez de la gelée réservée et remettez au froid pour 2 ou 3 heures.
▪ Servez avec le sauternes. PAGE 41

Tarte de rhubarbe et de fruits noirs **

■ 450 g de pâte brisée
75 g de beurre
200 g de sucre roux en poudre
1 jaune d'œuf
3 c. à s. de sirop de sucre de canne
1 kg de rhubarbe bien rouge
125 g de myrtilles ou de cassis
sucre glace

▪ Beurrez un moule à fond amovible.
▪ Garnissez avec la pâte étalée finement (dont vous réservez 100 g pour faire une décoration de feuilles).
▪ Laissez reposer 1 h au frais.
▪ Découpez, dans la pâte réservée, des feuilles et des pétales, mettez au frais sur une feuille de papier sulfurisé beurré.
▪ Épluchez la rhubarbe et la fine pellicule qui recouvre les tiges.
▪ Coupez celles-ci en morceaux de 3 cm (avec un couteau non oxydable) et déposez-les dans une jatte de verre ou de faïence.
▪ Saupoudrez de sucre roux, et laissez «suer».
▪ Lavez, égouttez les myrtilles et faites-les pocher 10 minutes dans le sirop à feu très doux.
▪ Égouttez la rhubarbe.
▪ Préchauffez le four à thermostat 7/8.
▪ Faites chauffer le reste du beurre (50 g) dans une large poêle. Versez, avec une spatule ajourée, la rhubarbe dans le beurre chaud et faites dorer à feu vif en retournant sans arrêt les tronçons afin de les faire caraméliser. Baissez le feu en fin de cuisson, éteignez et laissez en attente.
▪ Battez le jaune d'œuf avec une cuillère d'eau. Passez sur le bord de la tarte un pinceau trempé dans le jaune d'œuf et collez vos feuilles et vos pétales en appuyant un peu. Dorez au jaune d'œuf au pinceau.
▪ Étalez la rhubarbe dans le fond et cuisez 30 min.
▪ En fin de cuisson, dispersez les myrtilles ou les cassis sur la rhubarbe, saupoudrez de sucre glace.
▪ Allumez le gril du four. Remettez la tarte sous la voûte pour faire blondir la surface. Servez tiède ou froid avec de la crème fraîche froide. PAGE 41

Bavarois de poivrons **

■ 10 poivrons moyens jaunes et orange
4 gousses d'ail nouveau
50 cl de fond de volaille passé
4 feuilles de gélatine
1 branche de basilic
coulis de tomate
sel, poivre

▪ Choisissez des poivrons lisses et frais. Cuisez-les 5 min dans de l'eau bouillante avec les gousses d'ail entières.
▪ Préparez un récipient d'eau très froide.
▪ Retirez les poivrons à l'écumoire et plongez-les dans l'eau glacée, ce qui facilite l'épluchage. Laissez-les refroidir puis posez-les dans un plat, retirez la peau avec un couteau pointu et tirez jusqu'au pédoncule.
▪ Fendez les poivrons en deux, videz leur jus dans une passoire posée sur un bol et réservez ce jus.
▪ Retirez pédoncule, grains et parties blanches de l'intérieur. Taillez chaque moitié en rectangle et réservez les "chutes" (parties autour du pédoncule, des côtés et de la base).
▪ Pressez les gousses d'ail

pour en faire sortir la chair. Mixez-la avec les "chutes". Réservez.
▪ Mettez la gélatine à tremper dans de l'eau froide.
▪ Chauffez le fond de volaille sans le faire bouillir et ajoutez le jus réservé des poivrons, la préparation mixée et les feuilles de gélatine égouttées et molles. Assaisonnez.
▪ Laissez refroidir à température ambiante, puis au réfrigérateur sans faire prendre en gelée.
▪ Entreposez aussi au froid le moule choisi et les poivrons en morceaux.
▪ Versez assez de gelée dans le moule froid pour le "chemiser" sur 2 mm d'épaisseur. Remettez au froid.
▪ Lorsque la "chemise" est prise, rangez les poivrons en alternant les couleurs et en versant, entre chaque couche, un peu de gelée.
▪ Ajoutez basilic, poivre, et remplissez le moule jusqu'aux bords.
▪ Mettez au réfrigérateur 3 h au moins avant de servir avec un coulis de tomate mélangé à un peu de gelée mi-prise. PAGE 43

Mara des bois au cassis *

▪ *600 g de fraises Mara des bois*
200 g de cassis
5 cl de porto
1 c. à c. d'anis
1 grosse meringue nature
50 g de crème fouettée

▪ Passez à l'eau fraîche les fraises et le cassis. Séchez-les bien, équeutez-les.
▪ Mélangez le porto et l'anis.
▪ Écrasez grossièrement à la fourchette 200 g de fraises et mettez-les dans un plat creux ou une coupe.
▪ Versez dessus le mélange porto-anis.
▪ Coupez en 2 les fraises que vous avez réservées.
▪ Concassez la meringue grossièrement et mélangez-la aux fraises écrasées.
▪ Fouettez la crème et ajoutez-la délicatement aux fraises et à la meringue.
▪ Dressez le tout dans un plat bien froid.
▪ Décorez avec le reste des fraises et les cassis et servez immédiatement. PAGE 44

Mousse glacée aux trois fruits rouges *

▪ *150 g de fraises des bois*
100 g de framboises
100 g de fraises
120 g de sucre semoule
6 dl de crème liquide très froide
6 feuilles de menthe

▪ Versez la crème dans un saladier et fouettez-la en chantilly très ferme.
▪ Lavez les fraises, équeutez-les et mettez-les dans le bol d'un robot avec les framboises et 100 g de fraises des bois (réservez les fraises restantes au froid).
▪ Mixez les fruits, puis passez-les à travers une passoire fine pour éliminer les pépins. Ajoutez le sucre, mélangez avec une spatule jusqu'à ce que le sucre fonde.
▪ Versez ce jus sucré sur la crème fouettée, en mélangeant délicatement.
▪ Répartissez la préparation dans des coupes et mettez-les au congélateur 1 h.
▪ Garnissez les coupes des fraises des bois réservées et de feuilles de menthe et servez aussitôt. PAGE 47

Fraises des bois au muscat et abricots rôtis *

▪ *4 barquettes de fraises des bois*
4 beaux abricots mûrs
15 cl de muscat corse ou de beaumes-de-Venise
4 pincées de thym
3 c. à soupe de sucre en poudre
1 noix de beurre

▪ Préchauffez le four thermostat 10.
▪ Versez le muscat dans une petite casserole. Ajoutez 2 c. à soupe de sucre en poudre et portez à ébullition. Laissez cuire à feu doux 2 minutes puis retirez du feu.
▪ Coupez les abricots en deux, retirez le noyau et rangez les 8 moitiés dans un plat allant au four. Ajoutez le thym, un peu de sucre en poudre et le beurre fractionné en 8 et mettez à cuire pendant 2 à 3 min.
▪ Dressez les abricots dans des assiettes individuelles, disposez les fraises dans les creux et arrosez de muscat refroidi. PAGE 47

Fruits rouges aux olives noires *

▪ *200 g de fraises des bois*
200 g de framboises
400 g de Mara des bois
4 c. à soupe de mascarpone
5 cl de lait
1 gousse de vanille
8 olives noires à la saumure dénoyautées
4 feuilles de basilic
1 c. à soupe d'huile d'olive
2 c. à soupe de sucre

▪ Partagez en 2 la gousse de vanille, grattez les graines de l'intérieur que vous mélangez au mascarpone.
▪ Ajoutez lait et sucre, mélangez. Laissez macérer au frais 2 heures.
▪ Faites tremper les olives à l'eau fraîche 2 heures en changeant 2 fois l'eau.
▪ Rincez les fraises Mara, égouttez-les, séchez-les et équeutez-les.
▪ Égouttez et séchez les olives, coupez-les en 4.
▪ Dans des coupes, répartissez les fruits rouges. Arrosez-les de quelques gouttes d'huile d'olive, parsemez des quartiers d'olives et de basilic.
▪ Mettez le mascarpone dans une poche à douille et décorez avec. PAGE 47

LES CITRONS D'AMALFI

Glace au citron **

■ *30 cl de jus de citron*
500 g de sucre en poudre
Le zeste de 2 citrons
■ *Pour la meringue italienne*
8 blancs d'œufs
400 g de sucre
quelques gouttes
de jus de citron

▪ Portez à ébullition 1,5 litre d'eau, sucre et zestes. Laissez sur le feu quelques minutes, laissez refroidir. Ajoutez le jus de citron et filtrez.
▪ Préparez la meringue italienne : faites fondre le sucre dans 13 cl d'eau et menez doucement jusqu'à 120° pour obtenir une cuisson au "petit boulé" (une goutte de cuisson plongée dans l'eau froide forme une boule molle), en ajoutant, au dernier moment, quelques gouttes de citron.
▪ Battez les blancs d'œufs en neige ferme et incorporez-les dans le sirop brûlant par petites quantités pour que le mélange soit bien lisse et homogène.
▪ Incorporez la meringue à la préparation au citron.
▪ Mélangez et placez dans la sorbetière. PAGE 49

Granité au citron *

Pour 1,8 litre
■ *400 g de jus de citron*
le zeste de 3 citrons
400 g de sucre en poudre

▪ Mettez sucre et zestes de citron dans 1 litre d'eau et portez à feu très doux à ébullition.
▪ Laissez refroidir et ajoutez-y le jus de citron.
▪ Mélangez, filtrez et mettez au congélateur.
▪ Toutes les 30 min environ, remuez le mélange avec une fourchette jusqu'à obtenir un effet de glace pilée.
PAGE 50

Amaretti au citron *

■ *200 g d'amandes*
en poudre
50 g d'amandes hachées
370 g de sucre glace
8 blancs d'œufs
200 g d'écorces de citron
confit en petits cubes

▪ Battez les blancs à la fourchette avec la moitié du sucre glace jusqu'à ce qu'ils soient mousseux.
▪ Ajoutez le reste du sucre sans cesser de battre, puis, doucement, la poudre d'amandes en mélangeant jusqu'à ce qu'elle soit parfaitement incorporée.
▪ Ajoutez les amandes hachées et les écorces confites, mélangez délicatement et laissez reposer une demi-heure environ.
▪ Allumez le four th 5.
▪ Prélevez des petites quantités du mélange et, en saupoudrant de sucre glace, formez des boules que vous posez sur la plaque du four couverte de papier sulfurisé.
▪ Laissez cuire environ 30 minutes. Les gâteaux doivent être croustillants à l'extérieur et tendres dedans.
PAGE 51

LE CHÂTEAU DES POMMES ET DES POIRES

Soupe glacée au cidre et à la vanille *

■ *1 kg de pommes et poires*
1 citron
1 orange non traitée
1 écorce de cédrat confit
50 g de raisins secs
1 bâton de vanille
1 sachet de thé Earl Grey
1 bouteille de cidre brut
50 g de sucre roux de canne

▪ Épluchez les pommes et les poires, coupez-les en lamelles et plongez-les aussitôt dans le cidre.
▪ Zestez le citron et l'orange avec un économe, taillez l'écorce en fines lanières et blanchissez-les 3 minutes à l'eau bouillante.
▪ Rincez les raisins secs à l'eau chaude et égouttez-les.
▪ Épluchez l'orange à vif, recueillez le jus et retirez la peau de chaque quartier, réservez.
▪ Ajoutez le sucre au cidre et portez doucement à frémissement, laissez cuire jusqu'à ce que les lamelles des fruits soient cuites «al dente» (encore croquantes).
▪ Ajoutez les raisins, le jus recueilli en épluchant l'orange, la vanille fendue en 4 aux 3/4, les quartiers d'orange et les lanières de zeste. Faites frémir.
▪ Plongez le sachet de thé, éteignez et laissez infuser 4 minutes, retirez le sachet.
▪ Ajoutez le cédrat joliment découpé et laissez refroidir à température ambiante. Servez glacé. PAGE 52

Salade terre, ciel et mer *

Pour 6 personnes
■ 3 pommes Grany Smith
4 pommes de terre Noirmoutier
3 oignons blancs avec leur tige verte
6 filets de harengs «rollmops»
1 poignée de jeunes salades en feuilles : romaine, mâche, cresson, laitue, trévise...
3 œufs durs
1 citron non traité
3 brins de persil plat
■ Pour la sauce
1 c. à s. de moutarde forte
1 c. à s. de crème fraîche
1 c. à s. de raifort
5 c. à s. d'huile d'olive
2 c. à s. de vin vieux
sel marin moulu, poivre noir du moulin

▪ Faites cuire les Noirmoutier à l'eau bouillante salée ou à la vapeur environ 25 minutes sans couvrir.
▪ Épluchez les fruits et les légumes, pressez le citron.
▪ Coupez les pommes-fruits en tranches épaisses que vous mettez dans un bol, arrosées de jus de citron.
▪ Taillez les oignons en fines rondelles et ciselez fin le vert tendre de la tige.
▪ Coupez les œufs en rondelles, ou, à la scandinave, hachez séparément les jaunes et les blancs que vous répartirez à la fin, sur la salade avec le persil. Réservez le tout au frais.
▪ Préparez la sauce : mélangez à la cuillère le raifort, la moutarde, la crème, le sel et le poivre puis le vinaigre et l'huile. Réservez.
▪ Égouttez les harengs, tronçonnez-les, mettez-les dans la sauce.
▪ Épluchez les Noirmoutier chaudes, coupez-les en rondelles dans un saladier, et au fur et à mesure, ajoutez la sauce. Laissez-les refroidir puis entreposez le saladier au frais jusqu'au repas.
▪ Il suffira alors d'ajouter les pommes et les autres ingrédients et d'arroser du reste de sauce à laquelle vous ajouterez le jus de citron des pommes. **PAGE 55**

Tatin de pommes au magret **

■ 1,5 kg de reinettes Canada
2 magrets de canard
100 g de beurre doux
2 citrons
10 cl de cidre brut
10 cl de calvados
3 échalotes
1 pincée de muscade râpée
1 c.à s. de cassonnade
sel, poivre noir du moulin

▪ Pelez et hachez finement les échalotes, mettez-les dans une petite casserole avec une noisette de beurre, du sel et le cidre. Laissez cuire et réduire de moitié sur feu doux.
▪ Beurrez bien le fond et les parois d'un moule à charlotte à bord lisse. Choisissez un autre récipient plus grand allant au four qui servira de bain-marie. Mettez le moule au froid.
▪ Coupez un citron en deux, pressez le jus de l'autre dans une jatte, ajoutez la muscade, poivrez, ajoutez la calvados.
▪ Pelez les pommes, frottez la chair avec un demi-citron, coupez chaque pomme en 4 et retirez cœur et pépins.
▪ Remuez-les dans le jus citron-calva.
▪ Mettez une poêle anti-adhésive sur feu moyen.
▪ Avec un couteau, fendez la graisse des magrets en quadrillés très profonds (sans toucher la chair).
▪ Lorsque la poêle est chaude, rangez les magrets côté graisse, laissez celle-ci fondre et la peau caraméliser.
▪ Retirez les magrets du feu sans les retourner et posez-les sur une feuille de papier absorbant.
▪ Coupez-les transversalement en fines tranches. Réservez au chaud.
▪ Jetez la graisse et, sans laver la poêle, reposez-la sur feu vif.
▪ Versez le jus des échalotes en réservant celles-ci. Laissez évaporer.
▪ Ajoutez le reste de beurre, laissez fondre sans prendre couleur, versez les échatotes, remuez et saupoudrez les d'une petite pincée de cassonnade juste pour colorer, versez le jus de macération des pommes.
▪ Remuez et, à feu moyen, laissez devenir sirupeux.
▪ Éteignez.
▪ Chauffez le four th 5 (160°), mettez-y le bain-marie avec de l'eau froide.
▪ Sortez le moule froid, saupoudrez fond et parois avec le reste de cassonnade et faites pivoter le moule pour la répartir.
▪ Tapissez le fond avec les quartiers de pommes égouttés, rangés en rosace, le côté le plus large côté métal. Salez très peu et poivrez.
▪ Répartissez dessus une couche de magret, une cuillerée d'échalotes et de sauce sirupeuse, poivrez. Refaites une couche pommes, sel, poivre, magret, échalotes et sauce. Terminez par des pommes, versez le reste de la sauce et couvrez d'aluminium.
▪ Déposez dans le bain-marie pour 45 min en contrôlant la caramélisation.
▪ Retirez l'aluminium, laissez encore 5 à 10 min selon la couleur, éteignez.
▪ Ouvrez le four, laissez reposer 5 min, bain-marie retiré, démoulez sur un plat.
▪ Découpez délicatement au couteau électrique.
▪ Servez avec un coulis de fruits noirs ou une confitures d'airelles ou de myrtilles. **PAGE 55**

LA TENTATION DES FIGUES

Figues au sirop de vin épicé *

- *1 kg de figues violettes*
50 cl de vin rosé sec
1 morceau d'écorce d'orange confite
1 «noix» de gingembre frais
1 petit bâton de cannelle
1 c. à s. rase de baies roses
100 g de sucre roux

▪ Pelez et émincez le gingembre, taillez en lanières l'écorce d'orange et mettez-les avec les baies, la cannelle, le sucre et le vin, dans une casserole inoxydable, assez large pour contenir les figues côte à côte.
▪ Portez à ébullition sur feu doux, sans couvrir puis baissez au minimum et laissez frémir 10 min.
▪ Essuyez les fruits et supprimez le pédoncule, mais ne touchez pas à la base.
▪ Déposez les figues dans la casserole (le liquide ne doit les recouvrir qu'aux trois-quarts) et laissez cuire, sans remuer, 15 min. De temps en temps, et en penchant avec précaution la casserole, arrosez les fruits avec le sirop.
▪ Retirez-les avec une spatule et déposez-les dans un plat de service creux.
▪ Remettez la casserole sur feu très doux et faites réduire à découvert jusqu'à obtenir un sirop. Versez-le sur les figues sans retirer les épices qui vont continuer à parfumer le dessert.
▪ Laissez refroidir à température ambiante avant d'entreposer 3 heures au moins au réfrigérateur.
▪ Servez nature ou avec une glace à la vanille, à la cannelle ou au gingembre.
▪ Variante : ne faites cuire les figues que 10 minutes puis déposez-les dans un plat allant au four.
▪ Fendez-les en quatre, saupoudrez-les d'amandes effilées, arrosez de sirop et passez-les quelques minutes sous le gril chauffé à blanc, en surveillant constamment. Le contraste fruit froid et carapace brûlante est délicieux. Servir avec le sirop. **PAGE 56**

Chutney de miel au maury *

- *1 kg de figues vertes ou violettes*
2 oignons moyens
1 citron vert non traité
1 pomme verte
1 piment-oiseau
1 pincée de fenugrec
2 clous de girofle
1 feuille de laurier (frais si possible)
3 c. à soupe de miel liquide
15 cl de maury (ou d'un bon vin doux naturel)
sel fin

▪ Essuyez les figues, puis retirez le pédoncule et le petit rond dur à la base, coupez-les en quartiers et déposez-les dans une casserole.
▪ Ajoutez la pomme épluchée et coupée en petits dés, les oignons pelés et hachés, le citron lavé, coupé en dés avec le jus qu'il a rendu, le piment égréné et coupé en morceaux, le laurier, les clous de girofle, le fenugrec, une pincée de sel fin.
▪ Mélangez puis arrosez de miel et de maury.
▪ Faites cuire 30 min à feu modéré, en remuant de temps à autre pour que le fond n'accroche pas, jusqu'à ce que le mélange épaississe et devienne onctueux.
▪ Retirez-le du feu et laissez-le refroidir à température ambiante.
Ce chutney, qui se conserve un mois au réfrigérateur en bocal fermé, est l'accompagnement idéal des viandes blanches mais aussi des viandes froides et des poissons gras : saumon, maquereaux, crustacés.
PAGE 57

Cigales en nage de citronnelle *

- *18 cigales de mer*
ou à défaut 24 langoustines
2 l. de nage :
50 cl de vin blanc sec
1 carotte
le vert de 3 poireaux
1 gros oignon
1 bouquet garni
3 bulbes de citronnelle
5 grains de poivre noir
gros sel gris
6 ou 8 figues bien mûres

- Préparez à l'avance la nage, qui se conservera 24 h au réfrigérateur, avec tous ses ingrédients : épluchez et hachez les légumes, supprimez les feuilles dures de la citronnelle et taillez chaque bulbe en fines rondelles obliques.
- Mettez le tout, excepté le poivre, dans un récipient non oxydable. Ajoutez le vin blanc et 50 cl d'eau.
- Portez à ébullition sur feu moyen et laissez frémir, sans couvrir, 20 min. Ajoutez le poivre en grains et cuisez encore 10 min, puis éteignez et laissez refroidir à température ambiante avant d'entreposer au froid.
- Au moment de l'utilisation, reportez le court-bouillon à ébullition.
- Faites bouillir 1 l d'eau.
- Filtrez le court-bouillon. Ajoutez-lui l'eau bouillante et reportez à forte ébullition. Précipitez-y les cigales ou les langoustines.
- Dès la reprise d'un bouillonnement, baissez le feu pour n'avoir qu'un léger frissonnement (sinon les pattes tombent) et maintenez pendant 3 à 5 min selon la grosseur.
- Éteignez et laissez reposer 2 à 3 min.
- Retirez les crustacés et servez-les aussitôt avec des figues fraîches coupées en quatre ou un chutney.
- Filtrez à nouveau le court-bouillon, et conservez-le au réfrigérateur 48 heures au maximum, il vous servira pour cuire des moules, des coques, des bigorneaux ou des crabes, ou encore pour pocher un poisson un peu fade comme le merlan.

PAGE 58

Salade méli-mélo de figues *

- *9 figues vertes ou noires*
mûres sans excès
50 g de roquette
6 œufs durs
3 branches de céleri
1/2 bouquet de persil plat
2 branches
de coriandre fraîche
12 bouquets vivants
de préférence
- *Pour la sauce*
2 échalotes
1 gousse d'ail
1 piment frais
1 citron non traité
3 c. à s. d'huile d'olive
sel, poivre du moulin

- Jetez des bouquets vivants dans de l'eau bouillante très salée (au gros sel gris).
- Dès la reprise de l'ébullition, baissez le feu et comptez 1 min de frémissement puis, feu éteint, 1 min d'attente. Retirez-les de l'eau.
- Dès que la chaleur est supportable, épluchez-les et disposez-les dans un saladier. Si vous ne laissez pas les coffres, grattez-en l'intérieur pour le passer au chinois.
- La "crème" ainsi recueillie donnera de l'onctuosité à la sauce, en lui apportant un fumet d'iode, rare et délicat.
- Lavez le citron, râpez son zeste au-dessus d'un bol.
- Hachez l'ail, ciselez les échalotes, le persil et la coriandre, coupez le piment en rondelles (après avoir éliminé le maximum de graines). Jetez le tout dans le bol avec du sel, du poivre et le jus du citron.
- Ajoutez la "crème" et arrosez-en les bouquets. Mettez 20 min au frais.
- Pendant ce temps, triez et lavez la roquette et réservez quelques feuilles de persil et de coriandre.
- Coupez les branches de céleri en tronçons après en avoir retiré tous les fils.
- Écalez les œufs durs et coupez-les en rondelles.
- Après avoir tranché le pédoncule et la base dure des figues, essuyez-les avec un linge humide, coupez-les en quartiers ou en rondelles.
- Sortez le saladier.
- Versez l'huile sur les ingrédients, remuez, ajoutez figues, herbes, roquette céleri, et œufs durs.
- Salez, poivrez légèrement et servez frais. **PAGE 58**

fraîcheur

À LA BELLE SAISON,
UNE SEULE ENVIE, LA LÉGÈRETÉ.
DES REPAS PARFUMÉS
AUX HERBES, AU MIEL
OU AUX FLEURS, À DÉGUSTER
DANS DES LIEUX FRAIS.
LES POISSONS SAUTENT
DE L'OCÉAN À NOS ASSIETTES
ET LES PÉTALES PARSÈMENT
TOUT, DES TABLES AUX PLATS.

LES SAVEURS PARFUMÉES DES ALPILLES

PETITS FROMAGES FRAIS AUX ÉPICES
P.88

Sur les versants des Alpilles, la campagne à l'état presque sauvage offre à la convoitise des promeneurs des cueillettes embaumées. Une fine et érudite cuisinière peut s'emparer de ces bienfaits pour retrouver, autour d'une collation évidemment légère, des amis citadins privés des odeurs de la nature. Les fermes des environs fourniront les fromages de brebis fraîchement égouttés qu'on roule, en guise de hors-d'œuvre, dans les fines herbes et les épices méridionales. Au fil des chemins, les pignons tombent des pins et les amandiers, qui couvrent les collines, croulent sous leurs fruits bientôt métamorphosés en lait, selon une recette du XVIe siècle intégrant la muscade et les pistaches. Quant aux pêches de vigne, elles se pochent d'un petit « côte-du-Lubéron » gouleyant et s'assaisonnent de feuilles de citronnelle et de menthe sauvage.

PÊCHES GLACÉES AUX PIGNONS P.88

Dans le petit vin blanc, macère, derrière l'épais verre blanc d'une bouteille de vigneron, une branche de fenouil qui pousse dans les fossés alentour. Pour fêter l'été en Technicolor, les verres de bistrot se teintent de pastis arrosé d'un filet de sirop de menthe, de grenadine ou d'orgeat. On dresse le couvert à même la large dalle de pierre blonde qui fait office de table. La margelle d'un puits accueille les desserts. Des vaisselles en grosse faïence provençale, dans les tons du terroir, de l'ocre au vert sombre, luisent dans les rayons du soleil. Elles imitent quelquefois les formes de la nature : assiettes et plats en feuilles de salade ou de bananier, pichet rond comme un melon, anse de la soupière en cosse de petits pois. La fougasse tiédit dans son panier d'osier. La vie est décidemment belle au soleil de la Provence.

À l'apéritif, des olives vertes et noires, du sirop d'orgeat et du vin blanc dans lequel on a mis à macérer une branche de fenouil.

LAIT D'AMANDES p.88

PREMIÈRES GELÉES DE PRINTEMPS

ASPIC D'HUÎTRES P.88

Dans les salles vides et fraîches d'un château en pleine restauration, premier déjeuner « en toute simplicité » pour deux couples amis. Le vent souffle tout là-haut contre le piton rocheux sur lequel la bâtisse est blottie. L'ambiance est à la pureté et à la clarté. « Transparents comme l'air du matin, délicatement parfumés comme la nature qui s'éveille » selon les mots d'une poétesse de la gastronomie, les mets en gelée ont quelques affinités avec la magie. On y emprisonne les arômes : les coquillages s'y enveloppent comme dans une seconde peau fluide, les consommés y puisent de la tenue pour mieux saisir les brindilles de ciboulette et les feuilles de menthe qui les parfument, légumes et fruits s'en habillent d'un manteau translucide qu'on peut teinter, selon une recette d'Alexandre Dumas, de l'or d'un jaune d'œuf, de l'ambre du caramel ou du laiteux d'un jus d'amandes pilées.

GELÉE DE FRUITS
P.89

CHARTREUSE
DE HARICOTS
VERTS P.89

La gelée, contrairement à son aspect fragile, est facile à vivre et s'accommode de toutes les saveurs. Elle est, à elle seule, un art de la table qui appelle, bien sûr, la limpidité et la subtilité des formes des verreries qui l'accompagnent. Pour celles-ci nous avons choisi la modernité scandinave. Mais la nacre irisée et fastueuse joue aussi avec ses reflets ; coquillages polis en guise d'assiette ou couverts taillés dans la parure des mollusques exotiques. Et comme la gelée appelle aussi la légèreté, on les glisse sur des sets en alpaca ou en lin ajouré, ou sur une nappe de tulle ou de voile, légère caresse diaphane entre l'œil du convive et la table de bois.

CONSOMMÉ AUX COQUILLAGES P.90

HYMNE AUX ODEURS MARINES

Le petit jardin clos est protégé de la brise de l'océan par des murets envahis de roses trémières et de tamaris. C'est l'heure du retour de la plage sur l'île de Ré et le moment où l'appétit aiguisé des vacanciers est prêt à dévorer, tout frais, les rougets que Jean-Marie a pêchés et vendus la veille sur les quais de la Flotte. Les nasses sont aussi pleines de homards piégés dans les rochers d'Ars-en-Ré. Tous ont conservé les saveurs iodées des vagues et leurs goûts ne sont altérés, ni par leur plongée rapide dans l'huile d'olive bouillante, ni par le chili piquant, et encore moins par les brins de thym et de romarin qui les parsèmeront. L'intrusion de l'orange, ou de la pomme acide, ne les rendra que plus frétillants.

DÉLICES D'ANCHOIS P.90

DORADE ROYALE
BRAISÉE AUX POMMES P.90

▼ **HOMARD EN COULIS DE TOMATES** P.91

Les convives se pressent autour de la table de jardin pliante et des chaises aux lattes de bois patinées par les embruns. Ce déjeuner des bords de mer joue avec la faïence blanche et les formes variées des épaisses écuelles en verre moulé. Les assaisonnements se bousculent dans des bouteilles d'huile millésimée et de vinaigres aromatisés, et dans des coupelles ouvragées pour le gros sel marin. Les carafes, chinées dans les brocantes de Saint-Martin-de-Ré, ou aux Portes, font chanter le vin rosé qui poussera à l'indolence de la sieste, les invités rassasiés.

◄ **ROUGETS SAUCE PIQUANTE** P.91

LES MILLE ET UNE MERVEILLES DU MIEL

Grand repas d'anniversaire pour fêter les vingt printemps de la fille du mas du *Château de l'Ange*. Le miel, dans tous ses états, dispute la vedette à l'héroïne de la fête. L'apicultrice aux goûts très raffinés a, au fil des saisons, promené ses ruches pour que les abeilles puissent butiner la myriade de parfums disséminés par la nature aux alentours. Elles ont capturé, dans leurs rayons, l'âpreté du chêne, le nectar doucereux des graminées et l'arôme crémeux de la lavande. Le miel fait des merveilles en cuisine, il enrobe les volailles et les poissons blancs d'une légère amertume, épice les sauces et pousse les desserts jusqu'à la suavité. Le miel est aussi une miraculeuse source d'énergie qui ne compromet pas les silhouettes des convives par d'excessives calories.

▲ **NOUGAT DE BROUSSE AU MIEL** P.91

CROUSTILLANT DE PIGEON AU MIEL ÉPICÉ P.92

GOUJONNETTE DE SOLE AU MIEL ET BEIGNETS D'OIGNONS DOUX P.92

On a dressé la table sous les marronniers, face aux bignones grimpantes et aux solanums odorants. La maîtresse de maison a habillé les chaises de housses de lin brodé. Des verres alvéolés et de simples assiettes crème aux bords ondulés dressent le couvert, ponctué de rameaux d'olivier. Deux coupes garnies de fruits secs et de fleurs du jardin complètent l'élégance d'une table qui devient précieuse par les saveurs subtiles des mets présentés. On insiste sur le thème raffiné du miel en rassemblant, sur une desserte, pots en grès, cloche en Wedgwood décoré d'abeilles et verrines du XVIIIe qui emprisonnent ses consistances et ses nuances, du roux au blond. Au final, le nougat glacé au fromage de brebis flotte dans une coupe à pied en cristal, accompagné de sorbets auxquels les roses jetées sur la table ont mêlé leurs pétales.

SORBET AUX PÉTALES DE ROSE P.93

SALADE
DE CAROTTES
AUX BÉGONIAS P.93

CUISINER AVEC DES FLEURS

Les fleurs ont toujours fait partie de notre patrimoine culinaire. Belles à voir, douces à humer, on peut aussi les manger. Dans le fouillis d'un jardin en pleine éclosion, elles embellissent les mets et la table d'un soir d'été dressée au pied des arbres. En salade ou en beignets, en limonade ou en sirop, macérées dans l'alcool ou confites dans la mousse de blanc d'œuf, elles surprennent le palais. Bégonias acidulés et croquants, mille-feuilles aux subtiles amertumes rafraîchissantes, lavande sirupeuse ou sedum poivré, mais aussi roses, violettes ou capucines, il faut les cueillir à l'aube avant que le soleil n'assèche les gouttes de rosée qui les perlent.

Le sorbet de coco à la fleur de lavande est servi dans un bol de glace contenant des fleurs congelées.

LIMONADES À LA MILLE-FEUILLES ET À LA RHUBARBE FRAÎCHE P.93

Autour d'une cuisine aussi poétique, la créativité s'impose. On déménage, sous les arbres, la table et les chaises portugaises pleines d'arabesques baroques. On détourne les coupes de champagne et les gobelets de cristal pour y boire de la limonade ou des petits vins fruités. Dans un joyeux désordre, s'empilent et s'étalent toutes les porcelaines de la famille, de Limoges ou d'ailleurs. Plus leurs dessins sont alambiqués, plus elles sont soulignées de filets d'or et ornées de motifs colorés, plus la fête des fleurs est réussie. Quant aux couverts, ils joueront l'éclat du vermeil dans les lueurs du crépuscule. Suprême raffinement, on emprisonnera, dans une gangue de glace, des corolles, des pétales et des pistils congelés pour y servir le sorbet planté de brins de lavande. Nul doute que ce dernier rafraîchissement embaumé poussera les invités de ce souper extravagant à fondre de plaisir.

ROUGETS AUX POIS GOURMANDS ET AU SÉDUM P.93

recettes fraîcheur

Petits fromages frais aux épices *

- *2 concombres moyens*
300 g de fromage blanc lisse (chèvre ou brebis)
50 g de raisins de Corinthe
3 branches de menthe
1 c. à s. de cumin en poudre
1/2 c. à s. de cannelle en poudre
1 pincée de curry
1 échalote
1/2 citron non traité
pain de campagne grillé
sel, poivre du moulin

▪ Épluchez les concombres et passez-les à la grille fine, ciselez la menthe en réservant des petites feuilles, pressez la moitié du citron pour en avoir 1 c. à s.

▪ Dans une jatte, mélangez le fromage et les concombres, ajoutez les épices, les raisins, la menthe ciselée, acidulez le mélange avec du jus de citron.

▪ Répartissez dans six petits bols que vous décorez d'une feuille de menthe.

▪ Mettez au frais jusqu'au moment de servir avec une tranche de pain de campagne grillée au dernier moment. PAGE 69

Pêches glacées aux pignons *

- *12 pêches blanches ou jaunes*
1,5 l de Côte-du-Lubéron
150 g de sucre en poudre
1 bâton de vanille
1 clou de girofle
75 g d'amandes effilées
50 g de pignons
75 g de pistaches décortiquées
1 citron non traité
menthe ou mélisse

▪ Mettez de l'eau à bouillir.

▪ Rangez les pêches dans une jatte, préparez-en une autre avec de l'eau froide et des glaçons.

▪ Lorsque l'eau bout, versez-la sur les fruits, couvrez et laissez pocher 2 min.

▪ Retirez-les et plongez-les dans l'eau glacée. Egouttez-les et retirez la peau.

▪ Verser le vin dans une large casserole, ajoutez le sucre, le zeste du citron lavé, le clou de girofle et le bâton de vanille fendu en quatre jusqu'à 1 cm de la base. Portez à ébullition sur feu doux, puis maintenez pendant 6 à 8 min.

▪ Plongez une à une les pêches dans le sirop, comptez à reprise d'un petit frémissement, 10 à 12 min de pochage. Éteignez et laissez refroidir.

▪ Hachez gros les pignons au couteau, faites-les blondir à sec dans une poêle.

▪ Mélangez amandes, pignons et pistaches hachés gros. Réservez.

▪ Prélevez les pêches avec une spatule ajourée, rangez-les dans un compotier.

▪ Faites réduire le sirop jusqu'à ce qu'il soit onctueux, nappant. Laissez-le refroidir avant de le filtrer au-dessus des fruits qu'il doit recouvrir sans trop couler.

▪ Au moment de servir, saupoudrez chaque pêche du mélange d'amandes, pignons, pistaches, décorez d'une feuille de citronnelle ou de menthe. PAGE 70

Lait d'amandes *

- *2 gros blancs de poireaux*
20 g de beurre
60 cl de bouillon de volaille
40 cl de lait d'amandes (acheté en épicerie fine)
20 cl de crème fraîche épaisse
1 pincée de muscade râpée
50 g d'amandes effilées
sel, poivre blanc du moulin

▪ Hachez fin les blancs de poireaux.

▪ Faites fondre le beurre à feu doux. Jetez-y le hachis, couvrez et laissez étuver. Remuez, après 10 min, ajoutez le bouillon, salez, poivrez, couvrez et faites mijoter 15 min.

▪ Lorsque les blancs sont tendres, mixez pour obtenir une purée. Réservez le liquide dans le récipient.

▪ Ajoutez lait d'amandes, crème, muscade et mélangez. Goûtez, assaisonnez.

▪ Laissez cuire sans couvrir et en remuant, à feu très doux, 5 min.

▪ Versez dans une soupière, parsemez d'herbes ciselées et d'amandes en fines lamelles grillées ou non. Ce potage est délicieux chaud ou froid. PAGE 71

Aspic d'huîtres **

Pour 6 personnes

- *24 petites huîtres*
25 cl de vin blanc sec
1 litre d'eau de source
1 poireau
3 branches de persil plat
1 branche de mélisse
2 branches de cerfeuil
1 pincée de cayenne
• 4 feuilles de gélatine
gros sel, poivre noir

▪ Fragmentez le persil, effeuillez le cerfeuil et la mélisse, retirez le vert sombre du poireau et ficelez ensemble les tiges des 3 herbes avec le vert du poireau.

▪ Mettez ce bouquet dans une grande casserole avec la moitié des feuilles réservées hachées gros, l'eau et le vin blanc, salez peu et sans couvrir portez à petite ébullition. Retirez l'écume qui se forme au centre.

▪ Ouvrez les huîtres, retirez-les des coquilles dans un bol, jetez la première eau et filtrez au-dessus d'une petite casserole, les deux eaux suivantes.

▪ Émincez très fin le blanc de poireau, ciselez les feuilles réservées. Éteignez sous la casserole, laissez tié-

dir, en ôtant le couvercle.
▪ Faites ramollir la gélatine à l'eau froide.
▪ Passez le liquide tiède au-dessus d'une petite casserole, reposez sur feu moyen et portez de nouveau à ébullition. Jetez-y l'émincé de poireau pour 6 min.
▪ Éteignez, ajoutez la gélatine égouttée, et remuez jusqu'à complète dissolution. Ajoutez le sel et la pincée de cayenne.
▪ Mettez les huîtres avec l'eau du bol, et le poivre moulu gros dans la petite casserole avec l'eau filtrée et sans couvrir, portez à ébullition sur feu moyen. Éteignez.
▪ Selon votre goût pour des coquillages plus ou moins cuits, vous les retirerez aussitôt, ou après 10 secondes ou 1 minute.
▪ Réservez-les et versez leur eau de cuisson dans la grande casserole. Laissez un peu tiédir avant de répartir le liquide dans 6 coupelles.
▪ Laissez reposer sans faire prendre complètement en gelée légère avant d'ajouter les herbes et les huîtres.

PAGE 72

Gelée de fruits **

▪ *3 poires d'été*
6 pêches jaunes
ou brugnons
500 g de fraises
500 g de cerises
300 g de framboises
150 g de groseilles
1 bouteille de rosé
de Provence
500 g de sucre en poudre
1 fragment de cannelle
10 à 12 feuilles de gélatine
quelques feuilles
de menthe fraîche

▪ Effeuillez la menthe, réservez la tige que vous mettez dans une casserole avec le sucre, le vin et la cannelle.
▪ Portez sur feu doux pour faire fondre le sucre.
▪ Ébouillantez les pêches pour les éplucher.
▪ Pelez les poires. Laissez les fruits entiers.
▪ Faites pocher dans le vin séparément et à petit frémissement les poires (20 min) et les pêches (10 min). Les égoutter.
▪ Faites pocher les cerises 8 min dans le sirop. Laissez refroidir le sirop avant de le filtrer puis réchauffez-le.
▪ Lavez et équeutez les fraises.
▪ Égrappez les groseilles lavées. Réservez les plus jolies fraises et mixez le reste.
▪ Dans le liquide encore chaud, ajoutez la gélatine ramollie et égouttée, remuez bien puis ajoutez le coulis. Mélangez.
▪ Versez un peu de sirop au fond du récipient choisi et rangez les fraises coupées en deux, les pêches partagées et dénoyautées, les cerises, les framboises et les groseilles.
▪ Terminez par les poires coupées en deux et épépinées, complétez avec le reste de fruits et recouvrez du reste de sirop.
▪ Faites prendre au froid quelques heures et servez piqueté de menthe.

PAGE 74

Chartreuse de haricots verts ***

▪ *800 g de haricots*
verts très fins
600 g de petits pois
750 g de fèves
1 bouquet de cerfeuil
75 cl de bouillon de volaille
dégraissé et réduit
20 cl de vin blanc
très parfumé
8 feuilles de gélatine
1 pincée de paprika fort
gros sel et poivre blanc
moulu

▪ Épluchez les légumes : retirez les bouts des haricots verts et taillez-les de façon à pouvoir faire 2 rangées dans la hauteur pour un moule rond. Gardez les chutes que vous cuirez avec les pois.
▪ Écossez les pois et les fèves. Cuisez séparément dans de l'eau bouillante salée et sans couvrir : 8 min les haricots, 8 à 10 min les pois, 6 min les fèves.
▪ Aussitôt cuits, les légumes sont égouttés puis jetés dans de l'eau froide où flottent des glaçons et, enfin, égouttés avec soin. Les fèves restent dans l'eau de façon à les peler plus facilement.
▪ Réservez un tiers des haricots, les plus fins et les plus droits que vous mettez au réfrigérateur.
▪ En même temps que vous épluchez les fèves, mettez ensemble dans une jatte, le reste des haricots et leurs bouts coupés, pois et cerfeuil ciselé. Mettez au frais ainsi que le moule choisi.
▪ Faites chauffer le bouillon avec le vin et le paprika sans le faire bouillir.
▪ Ramollissez la gélatine à l'eau fraîche, égouttez-la puis faites-la dissoudre dans le bouillon chaud retiré du feu. Prélevez un petit bol que vous laisserez tiédir à température ambiante avant de le mettre au froid en surveillant la prise en gelée qui doit rester molle. Le reste de bouillon refroidira à température ambiante avant de se raffermir au froid. Choisissez un pinceau plat. Lorsque le contenu du …

GELÉES DE PRINTEMPS

Chartreuse de haricots verts *** (SUITE)

... bol est à la bonne consistance, sortez le moule et les légumes.

▪ "Chemisez" le moule de gélatine en répartissant le contenu du bol dans le moule et en faisant pivoter celui-ci pour recouvrir régulièrement les parois.

▪ Remettez au froid quelques instants puis sortez le moule, rangez les haricots verts droits ou en en biais au fond et sur les côtés. Passez délicatement un pinceau trempé dans le liquide refroidi qui commence à prendre en gelée.

▪ Déposez dans le moule les légumes restant, le cerfeuil et les chutes de haricots verts en ajoutant au fur et à mesure un peu de gelée souple. Terminez par une couche de haricots verts serrés et versez le reste de gelée.

▪ Entreposez plusieurs heures au froid avant de démouler sur un plat froid. Servez avec une sauce moutarde ou tartare. PAGE 74

Consommé aux coquillages **

■ Amandes de mer,
coques, palourdes et Vénus
150 g de chaque coquillage
■ Pour la nage
1/2 bouteille de vin blanc sec
2 échalotes
1 petit oignon piqué
d'un clou de girofle
1 bouquet garni
1 gousse d'ail
3 brins de ciboulette fraîche
quelques feuilles
de menthe fraîche
sel, poivre

▪ Si les coquillages sont sableux, faites-les dégorger à l'eau salée 1 heure.

▪ Épluchez l'ail, l'oignon et les échalotes.

▪ Partagez l'oignon en 4, laissez l'ail entier, ciselez fin les échalotes, déposez le bouquet garni et mettez le tout dans un faitout.

▪ Couvrez d'eau (1 l environ) et portez à ébullition pendant 20 min, arrêtez la cuisson. Ajoutez le vin blanc, laissez refroidir.

▪ Rincez les coquillages à l'eau fraîche et égouttez-les.

▪ Dans une vaste sauteuse, jetez du gros sel et du poivre et faites chauffer 2 minutes à feu doux.

▪ Déposez-y les coquillages, arrosez d'une petite couche de nage et, à feu vif, faites ouvrir.

▪ Retirez, au fur et à mesure, dans une passoire posée au-dessus d'un plat creux pour recueillir le jus.

▪ Filtrez le jus de cuisson restant, réservez-le. Retirez les coquillages des coquilles, réservez-les dans un bol.

▪ Coupez quelques brins de ciboulette et jetez-les dans la nage réservée.

▪ Ajoutez-lui le jus filtré.

▪ Goûtez-le et salez à votre convenance, ajoutez une pincée de poivre concassé.

▪ Répartissez le consommé dans des petits bols.

▪ Déposez une feuille de menthe délicatement ciselée et servez les coquillages à part après avoir retiré le bouquet garni. PAGE 75

HYMNE AUX ODEURS MARINES

Délices d'anchois *

Pour 2 personnes
■ 200 g d'anchois frais
25 cl d'huile d'olive
l'écorce d'une orange
non traitée
gros sel gris, sel fin, poivre

▪ Rangez les anchois à plat sur une planche. Saupoudrez d'une pincée de gros sel. Laissez macérer 1h et levez les filets.

▪ Dans une terrine, versez 1 c. à s. d'huile d'olive, un petit zeste d'orange, faites un tour de moulin à poivre et salez un peu, au sel fin.

▪ Disposez à plat, côté chair en l'air, une couche de filets d'anchois. Recouvrez des ingrédients cités plus haut, remettez des filets etc. jusqu'à épuisement.

▪ Tenir, couvert, 24 h au réfrigérateur avant de manger avec du pain Poîlane et du beurre demi-sel.

▪ Ces filets peuvent aussi être égouttés puis écrasés sur du pain grillé pour l'apéritif. PAGE 76

Daurade royale braisée aux pommes **

■ 1 dorade de 800 g
à 1 kg et son foie
25 cl de fumet
quelques brindilles
de fenouil sec
1 petit bulbe de fenouil
3 échalotes grises
1 oignon moyen
2 gousses d'ail en chemise
1 petit bouquet de persil
1 orange non traitée
2 c. à s. de rhum blanc
2 c. à s. d'huile d'olive
1 pomme acide
sel, poivre noir

▪ Hachez l'oignon et les échalotes, écrasez l'ail laissée en chemise, émincez le bulbe de fenouil, effeuillez le persil (les feuilles serviront à un autre plat).

▪ Zestez l'orange, faites blanchir le zeste fractionné et coupez-la en rondelles.

▪ Dans un plat à gratin, préparez un lit avec les brindilles de fenouil séché et les 2/3 du bulbe de fenouil, l'oignon, l'ail, les échalotes, les queues de persil et les zestes d'orange.

▪ Arrosez d'un filet d'huile, de rhum et de fumet. Posez sur feu moyen et portez à ébullition.

▪ Préchauffez le four thermostat 5/6. Incisez 3 fois le poisson sur une seule face et dans la longueur. Glissez, en passant par les ouïes, les rondelles d'orange et le fenouil, dans la tête et jusqu'à la ventrêche.
▪ Épluchez la pomme, coupez-la en 8.
▪ Retirez le plat du feu. Déposez la dorade sur les légumes. Entourez-la des morceaux de pommes et du foie. Avec le pinceau, enduisez-la d'huile, salez et poivrez. Couvrez la queue de papier d'alu (côté brillant à l'extérieur). Enfournez pour 20 ou 25 minutes.
▪ Vérifiez la cuisson, puis déposez la dorade sur un plat chauffé avec, autour, les morceaux de pommes et quelques lamelles de fenouil. Tenez au chaud.
▪ Passez le jus de cuisson au chinois. Faites-le réduire à feu vif, goûtez et rectifiez l'assaisonnement.
▪ Versez le jus en saucière et servez. **PAGE 77**

RECETTE DE PAUL MINCHELLI DU RESTAURANT LE DUC

Homard en coulis de tomates *

▪ *6 homards de 650 à 750 g*
3 kg de tomates
un peu de thym et de laurier en bouquet garni
1 bouquet de basilic
6 gousses d'ail
6 c. à s. d'huile d'olive
sel, poivre, sucre

▪ Portez à ébullition 3 litres d'eau. Plongez-y les homards 2 par 2, d'abord les pinces pendant 2 min, puis en entier pendant 7 min.
▪ Égouttez-les.
▪ Séparez la tête du coffre. Appuyez de la paume de la main sur le coffre pour en extraire la chair que vous découperez en 2 dans la longueur. Décortiquez également les pinces après les avoir fendues avec un pilon. Réservez.
▪ Préparez le coulis de tomates au basilic. Pelez, épépinez, concassez les tomates. Pelez l'ail, faites-le revenir doucement dans l'huile. Ajoutez tomates et bouquet garni. Laissez cuire 6 à 10 min. Salez et sucrez à parts égales, poivrez.
▪ Mélangez les feuilles de basilic. Servez froid ou à température. **PAGE 78**

Rougets sauce piquante *

Pour 2 personnes
▪ *6 rougets barbets de taille moyenne*
10 cl de fumet
4 c. à s. d'huile d'olive
4 gousses d'ail en chemise
2 sommités de romarin
1 c. à moka de chili
farine

▪ Essuyez les rougets.
▪ Faites chauffer dans une poêle, 2 c. à s. d'huile.
▪ Farinez légèrement les poissons.
▪ Déposez-les dans l'huile chaude, ajoutez les gousses d'ail et, au bout de 2 min, retournez les poissons. Encore 2 à 3 min de cuisson sur cette face et retirez-les sur des assiettes chaudes.
▪ Dans la même poêle, ajoutez les deux dernières cuillerées d'huile et les «plumets» de romarin qui vont y frissonner 35 secondes.
▪ Déglacez avec le fumet et faites réduire de moitié.
▪ Ajoutez le chili, remuez et éteignez.
▪ Retirez l'ail et le romarin et garnissez-en le dessus de chaque assiette.
▪ Nappez de la sauce passée et servez aussitôt. **PAGE 79**

Nougat de brousse au miel **

▪ *400 g de brousse fraîche*
200 g de crème fraîche
200 g de miel d'acacia
150 g de différents fruits confits en morceaux
100 g de fruits secs mélangés (amandes, noisettes, noix, pignons) hachés
2 c. à s. de kirsch
5 feuilles de gélatine
Pour le coulis de fruits rouges : 500 g de fraises ou de framboises
200g de sucre
le jus de 3 citrons non traités

▪ Hachez et taillez, en petits cubes, les fruits confits.
▪ Huilez un moule.
▪ Faites ramollir la gélatine dans de l'eau froide.
▪ Faites fondre, doucement, le miel dans une casserole, égouttez la gélatine, mélangez-la au miel chaud et laissez tiédir.
▪ Écrasez grossièrement la brousse à la fourchette dans un saladier.
▪ Ajoutez les fruits secs, les fruits confits et le kirsch et travaillez à la cuillère pour homogénéiser le tout.
▪ Incorporez le miel à la cuillère en mélangeant soigneusement.
▪ Fouettez la crème fraîche en chantilly pour l'incorporer délicatement à la préparation du fromage.
▪ Versez dans un moule, tassez bien, lissez le dessus.
▪ Faites prendre au frais 3 h. minimum.
▪ Préparez le coulis en réservant quelques fruits.
▪ Pressez les 3 citrons, mixez les fruits avec le jus de citron et le sucre.
▪ Filtrez et gardez au frais.
▪ Au moment de servir, démoulez sur un plat froid, décorez avec les fruits réservés et nappez de coulis.
PAGE 81

Goujonnette de sole au miel et beignets d'oignons doux *

■ *les filets de 4 belles soles*
2 c. à s. de miel de lavande
3 c. à s. de vinaigre de cidre
1 c. à c. de gingembre frais râpé
1 gousse d'ail
30 g de beurre
1 c. à s. d'huile d'olive
sel, poivre
■ *Pour les beignets d'oignons*
2 oignons doux
100 g de farine
30g de Maïzena
1 œuf
1 c. à s. d'huile
glaçons, sel

▪ Épluchez et écrasez l'ail.
▪ Taillez les filets en goujonnettes.
▪ Faites chauffer l'huile dans une grande poêle, déposez les lanières de sole, ajoutez gingembre et miel et faites sauter sans arrêt pendant 2 min, juste pour colorer.
▪ Versez un trait de vinaigre et ajoutez ail, sel et poivre. Faites sauter 30 secondes.
▪ Retirez les goujonnettes dans un plat chaud, couvrez.
▪ Ajoutez dans la poêle le beurre et 2 c. à soupe d'eau chaude. Laissez réduire en tournant la poêle au-dessus du feu pour lier la sauce.
▪ Versez-la sur le poisson et décorez avec les anneaux d'oignons.

Beignets d'oignons doux :
▪ Épluchez les oignons, supprimez la base et le sommet de chaque et taillez-les en fines rondelles.
▪ Préparez le pâte à beignets en mélangeant dans une jatte farine, maïzéna et sel.
▪ Préparez 4 glaçons et 10 cl d'eau, pilez les glaçons.
▪ Creusez un puits au centre du mélange et cassez-y l'œuf. Ajoutez l'huile et mélangez avec une cuillère en bois. Ajoutez un peu d'eau, les glaçons pilés et, peu à peu, faites tomber la farine, tout en mélangeant. Détendez avec le reste d'eau pour obtenir une pâte fluide.
▪ Chauffez l'huile de friture à 180°.
Trempez chaque anneau d'oignon dans la pâte puis dans le bain chaud jusqu'à ce qu'il soit doré.
▪ Retirez avec une écumoire et déposez sur du papier absorbant. Salez aussitôt, poivrez et mangez.
Ces anneaux sont exquis à l'apéritif. PAGE 82

Croustillant de pigeon au miel épicé ***

■ *4 pigeons de 500 g environ chacun (désossés + les carcasses)*
300 g de champignons de Paris (lavés, séchés, émincés)
4 oignons rouges émincés
200 g de miel de chêne
1 paquet de feuilles de brick
10 cl de vinaigre de cidre
1 c. à s. de gingembre
3 gousses d'ail haché
1 c. à s. de cannelle
300 g de graisse d'oie
1 branche de menthe
1 branche de thym frais
2 carottes
1 boule de céleri
1 oignon
les carcasses concassées
1/2l de vin blanc
1 bouquet garni

▪ Démarrez le fond en mettant les carcasses concassées dans une casserole avec oignon haché, carottes, céleri et bouquet garni.
▪ Mouillez de vin blanc, de 5 cl de vinaigre de cidre et de 150 g de miel et laisser cuire à petit feu 30 min.
▪ Chinoisez et réservez.
▪ La veille : saupoudrez les cuisses d'1 c. à soupe de gros sel, de thym frais et de poivre. Réservez au frais toute une nuit.
▪ Le lendemain, rincez abondamment et mettez dans une cocotte en fonte dans 200 g de graisse d'oie, laissez confire 1 h à tout petit feu. Réservez.
▪ Préparez la confiture d'oignons : faites sauter vivement les oignons rouges émincés dans une cuillère de graisse, aspergez de vinaigre, saupoudrez d'une pincée de gingembre et ajoutez 2 cuillerées de miel. Laissez évaporer le liquide et réservez.
▪ Faites sauter les champignons à la poêle, ajoutez l'ail haché, le sel et le poivre. Réservez.
▪ Dans une c. à s. de graisse, faites saisir les suprêmes sur la peau. Réservez.
▪ Pour le montage : tapissez un moule à tarte de feuilles de brick en faisant chevaucher et dépasser.
▪ Étalez une couche de champignons puis disposez les suprêmes.
▪ Couvrez de confiture d'oignons et de menthe ciselée, saupoudrez d'une pincée de cannelle.
▪ Fermez avec des petits piques en bois.
▪ Recouvrez d'une feuille d'aluminium et réservez jusqu'au moment du repas.
▪ Pendant ce temps, faites réduire le fond et monter au beurre en fouettant.
▪ Enfournez le croustillant pour 16 min à 200°.
▪ Servez les cuisses confites, réchauffées au four 10 min, sur une salade de mesclun.
PAGE 82

Sorbet aux pétales de rose *

■ *500 g de pétales de roses de jardin*
300 g de miel toutes fleurs
2 citrons non traités
1 l d'eau de source

▪ Préparez un sirop avec le miel cuit, à feu doux 15 min avec l'eau et les pétales.
▪ Éteignez et laissez infuser une nuit avant de filtrer.
▪ Ajoutez le jus de deux citrons et passez en sorbetière.
▪ Servez avec un vin cuit du Domaine des Bastides de Jean-Solen. **PAGE 83**

Salade de carottes aux bégonias *

■ *600 g de jeunes carottes*
1 orange et un citron non traités
2 c. à s. d'huile d'arachide
1 c. à c. d'huile de noisette
3 branches de persil plat
quelques graines d'aneth
5 à 6 fleurs de bégonias
sel, poivre, paprika

▪ Lavez et séchez l'orange.
▪ Râpez le zeste , puis retirez la peau blanche au-dessus d'une jatte pour recueillir les jus.
▪ Coupez l'orange en tranches. Gardez les 5 plus belles et pressez le jus. Pressez aussi le jus du citron, ajoutez sel, poivre, une pincée de paprika doux, puis les 2 huiles en émulsionnant au fouet.
▪ Les carottes, émincées ou râpées (grille gros trous) ont blanchi 6 min à l'eau salée avec les écorces de citron.
▪ Égouttez-les, mélangez-les chaudes à la sauce et laissez refroidir.
▪ Mettez au froid au moins 20 min avant de servir. Parsemez de graines d'aneth, de persil ciselé et de pétales de bégonia au parfum si suave. **PAGE 85**

Limonade à la mille-feuilles *

■ *1 grosse poignée de fleurs d'Achillée avec la tige*
1 citron non traité
60 g de sucre
1 litre d'eau

▪ Coupez les fleurs en laissant une tige d'1 cm.
▪ Mettez-les dans une jatte avec un citron en rondelles et le sucre.
▪ Recouvrez d'1 litre d'eau bouillante et laissez macérer une nuit .
▪ Filtrez et servez. **PAGE 86**

Limonade à la rhubarbe fraîche *

■ *250 g de tiges de rhubarbe*
60 g de sucre
3 gousses de cardamome
5 clous de girofle
1 litre d'eau

▪ Coupez la rhubarbe en petits tronçons. pilez au mortier le sucre et les gousses de cardamome ainsi que les clous de girofle.
▪ Ajoutez ce sucre aromatisé à la rhubarbe. Couvrez d'eau bouillante et laissez infuser 2 jours. Conservez au frais, consommez dans les 48 à 72 heures. **PAGE 86**

Rougets aux pois gourmands et au sédum **

■ *8 rougets-barbets*
3 c. à s. d'huile d'olive
5 échalotes
1 petit bouquet de ciboule en fleurs
500 g de pois gourmands
quelques branches de sédum (ou à défaut, de pourpier)
30 cl de fumet de poisson
1 pincée d'aneth en grains
sel, poivre

▪ Épluchez les échalotes, hachez-en une, laissez les autres, choisies pas trop grosses, entières.
▪ Chauffez une cuillerée d'huile dans une petite casserole, à feu moyen.
▪ Jetez-y les échalotes et le hachis, laissez blondir 3 minutes.
▪ Saupoudrez d'aneth, laissez cuire 1 min, puis recouvrez de fumet, salez, poivrez, couvrez aux trois-quarts et laissez réduire.
▪ Faites cuire les pois gourmands à la vapeur 10 à 12 min de façon qu'ils restent croquants.
▪ Écaillez les rougets avec précaution, essuyez-les, coupez les nageoires et videz-les ou non, selon votre goût, en conservant le foie qui est très délicat, et que vous remettrez à l'intérieur.
▪ Faites chauffer 2 cuillerées d'huile dans une vaste poêle anti adhésive qui peut contenir tous les poissons côte à côte.
▪ Déposez-les tête-bêche et cuisez-les 5 min d'un côté, puis retournez-les, assaisonnez-les, comptez 3 min pour le second côté.
▪ Retirez-les sur un plat chauffé au four.
▪ Remontez le feu sous la pêle, versez-y les sédum pour 1 min, mouillez avec 3 cuillerées de fumet aux échalotes.
▪ Retirez les sédums que vous disposez sur les rougets. Rangez autour des poissons les pois, les échalotes et leur jus.
▪ Arrosez les rougets avec l'huile mêlée de fumet de cuisson et décorez de quelques brins de ciboules. **PAGE 87**

pâtes

ON A TOUJOURS
QUELQUES PÂTES CHEZ SOI.
C'EST L'ÉVIDENCE. EN ÉTÉ,
EN SALADE, POUR UN TÊTE-
À-TÊTE IMPROVISÉ, JUSQUE
DANS UN PALAIS OÙ ON LES
SAVOURE PRINCIÈREMENT,
TOUT EST DANS
LA MISE EN SCÈNE ET
LES ACCOMMODEMENTS.

LES SECRETS D'UNE PRINCESSE

Au cœur des collines de Toscane, l'abbaye du XIe siècle de Badia a Coltibuono ouvre ses portes en été aux visiteurs de Lorenza de Medici venus s'initier à la cuisine sous la spatule de la princesse. Dans cette ancienne demeure, Laurent de Medicis s'enivra de chianti corsé et le pape Léon XIII fut victime de sa gourmandise et d'une indigestion peu catholique. Ce qui ne risque pas d'arriver aux amis de leur descendante, célèbre auteur de livres de recettes et d'art de vivre. Ici, pour quelques amis et élèves, elle confectionne, au cœur de l'été, quelques plats aux discrets raffinements, agrémentés des légumes et des herbes cueillies dans son immense potager, couronnant leur repas par deux surprenants desserts : une tarte aux cheveux d'ange et de délicieuses petites pizzas sucrées.

▼ **RAVIOLI FARCIS AUX ŒUFS ET À LA SAUGE** P.109

▶ **GNOCCHI ALLA VERDURA** P.108

POLENTA
AUX FRUITS CONFITS P.110

TARTE AUX CHEVEUX D'ANGE P.109
PETITES PIZZAS SUCRÉES P.109

La table est dressée sous les arches de la roseraie, au milieu des hortensias, à deux pas du verger. Sur son plateau de marbre, les assiettes en terre vernissée venues des faïenceries de Grottalia près de Naples, s'assortissent aux motifs, tous peints à la main, des plats aux bords épais venus du Sud. Le vrai raffinement est réservé au buffet dressé dans l'ombre de la galerie. Un bouquet d'aubépines et de fleurs des champs entremêlées de lierre, quelques branches d'olivier et toute une ribambelle de fines carafes de verre soufflé et de gobelets colorés et taillés contrastent avec les lourdes céramiques posées à même le bois verni d'une somptueuse table Renaissance. L'élégance princière affleure ici sous le terroir.

ORECCHIETTE À LA SAUCE AU POIVRON P.109

DANS LA CUISINE D'UNE VOYAGEUSE

L'île est grecque. La voyageuse, Italienne, a posé ses sacs dans une petite maison aux murs blanchis à la chaux. Dans ceux-là, quelques paquets de spaghetti et de macaroni. Elle est prête pour toutes les surprises de l'été. Sur la plage en contrebas, le sable vole sous le meltemi, rendant la mer Égée du même bleu profond et hellénique que ses yeux... et les murs et la table de sa cuisine. Un navigateur solitaire s'est ancré, à l'abri, dans la baie. Ils feront vite connaissance.

AUBERGINES AU YAOURT GREC P.110

SALADE DE POULPE AUX POIS CHICHES P.110

ΕΛΑΙΟΛΑΔΟΝ
ΣΥΣΚΕΥΑΖΕΤΑΙ ΣΤΗ ΚΑΛΑΜΑΤΑ
PRIMO
ΚΑΛΑΜΑΤΑ

▼ **SPAGHETTI AU CORAIL D'OURSIN** P.110

Il a pêché les oursins, elle a cueilli les tomates, effeuillé le basilic, soupesé melons et pastèques. Ils mangent au cœur des murs frais, entre l'ombre et la lumière, sur une nappe à carreaux bleu et blanc, des assiettes à pois ... bleus, des plats aux bords brodés au tacheté d'azur, car le thème des couleurs célestes s'impose ici. En guise de décoration, le bidon d'huile d'olive, venu des collines de Kalamata, apporte sa touche d'exotisme comme leurs petits verres à résiné aux lourdes bases pleines, et les saladiers aux couleurs de la terre. Quel beau repas pour une rencontre !

▶ **PASTA AUX OLIVETTES** P.110

SOUPE DE SAGO
AU LAIT DE COCO P.111

LES SAVEURS DES ÎLES ÉOLIENNES

Depuis la terrasse où attendait le poète du film célèbre *Le Facteur,* on contemple les crêtes d'un volcan écroulé et la plage de lave noire baignée par la mer tyrrhénienne. Le panorama de la baie de Pollara est embaumé des effluves des fleurs de câpres, culture sauvage de la petite île de Salina, et ingrédient omniprésent de ses spécialités culinaires. C'est le jour de repos de Michele, chef dans une auberge des environs. Ses amis dégusteront, en toute simplicité, les produits trouvés dans le voisinage : salades et spaghetti, aux câpres bien sûr, assaisonnés d'amandes, de menthe, d'ail et de basilic frais cueillis.

À l'apéritif, on sert des olives mêlées à du pecorino haché du piment et du fenouil sauvage pour accompagner la malvoisie, un vin liquoreux et corsé, doré et ambré.

▲ SALADE DE CÂPRES DE MICHELE P.111

La vue est si belle que la table dressée ne saurait en distraire les regards : bois blanc et patiné, blanc des carrelages de céramique, assiettes en terre mêlées, plats aux vagues d'argile. Dans les verres à pied flotte la fleur de câpre et ses filaments, comme une anémone de mer. Les cosses veloutées des amandes encadrent les spaghetti. Le soleil joue avec la grosse bouteille de vin local, la malvoisie, péché mignon de saint Louis sur la route des croisades. Sur cette terrasse éclatante de beauté, ce repas est un instant de bonheur, volé au travail et à l'éternité.

▶ SPAGHETTI AUX CÂPRES ET AUX AMANDES P.111

RECETTES DE BASE

Pâtes fraîches aux œufs *

- *6 œufs*
500 g de farine extra-fine et très fraîche
1 c. à c. d'huile
eau tiède
une pincée de sel

Il existe plusieurs façons de préparer la pâte, mais les ingrédients de base et la technique sont toujours identiques. L'eau est parfois remplacée par du vin blanc et le sel est utilisé avec parcimonie.

- Versez la farine sur une planche.
- Creusez un puits où vous déposez les œufs, l'huile, 1 c. à s. d'eau et un peu de sel.
- Mélangez tous les éléments du bout des doigts.
- Travaillez la pâte à la main pendant 10 min et qu'elle forme une boule bien lisse.
- Laissez reposer de 15 min à 1 heure, à température ambiante, sous un torchon avant d'étendre au rouleau, sur une très grande planche, avec un rouleau d'au moins 50 cm de long sur 1 mm d'épaisseur.
- Découpez ensuite les pâtes que vous désirez obtenir : pour des tagliatelle, on divise la pâte en rectangles réguliers que l'on roule et que l'on coupe en "tranches" de 3 à 5 mm. Pour obtenir des pâtes colorées, il suffit de rajouter un ingrédient de la couleur désirée : une pâte verte se fait avec des épinards (50 g pour 300 g de farine) ; une pâte orange avec 2 c. à s. de concentré de tomates.

Pâtes à l'eau *

- *400 g de spaghetti*
(pour 100 g de pâtes, compter 1 litre 1/4 d'eau)
8 c. à c. de gros sel de mer
1 filet d'huile d'olive
beurre salé

Pour une cuisson parfaite :

- Mettez l'eau sur feu vif et jetez-y le sel en pluie dès le début de l'ébullition.
- Versez un filet d'huile d'olive qui parfumera légèrement les spaghetti. Cela évite aussi aux pâtes de coller, si elles sont faites maison. Augmentez encore la flamme et plongez les pâtes dans l'eau bouillante salée. Remuez immédiatement pour ne pas que les spaghetti restent collés et raclez le fond car les pâtes, au début, ont tendance à s'y poser. Faites cuire à gros bouillons et tournez délicatement de temps en temps.
- Retirez-les de l'eau lorsqu'elles sont "al dente", fermes sous la dent. Égouttez-les : pour les pâtes courtes, préparez une passoire ; pour les longues il suffit de 2 fourchettes plongées et tournées en sens inverse dans la marmite.

LES SECRETS D'UNE PRINCESSE

Gnocchi alla verdura **

- *250 g de ricotta*
100 g de parmesan
50 g de farine
2 jaunes d'œufs
2 à 3 cuillères à soupe de persil haché
1 branche de basilic
50 g de beurre
sel et poivre moulu

- Ciselez finement les feuilles de basilic. Effeuillez et ciselez le persil.
- Passez la ricotta au tamis au-dessus d'une jatte.
- Ajoutez la moitié du parmesan, mélangez.
- Ajoutez les jaunes d'œufs, les herbes et une cuillère de farine, du sel et du poivre. Mélangez.
- Répandez le reste de la farine sur une planche. Prélevez du bout des doigts gros comme un œuf de caille de pâte à gnocchi, formez une boule ovale en la roulant dans la farine.
- Faites bouillir l'eau dans une grande casserole, salez-la juste avant d'y déposer avec précaution les gnocchi.
- Préparez un linge sec replié sur un plat.
- Mettez le beurre à fondre à feu doux, ajoutez du poivre.
- Retirez les gnocchi avec une écumoire dès qu'ils remontent à la surface, déposez-les sur le linge puis sur un plat chaud. Arrosez-les de beurre fondu, saupoudrez-les du reste de parmesan, servez. **PAGE 97**

Ravioli farcis aux œufs et à la sauge **

(pour 6 grands ravioli)
- *320 g de pâte à nouille*
100 g de parmesan râpé
250 g de ricotta
4 c. à s. de persil plat haché
6 jaunes de petits œufs
1 poignée de feuilles fraîches de sauge
100 g de beurre
sel et poivre

- Étalez la pâte en deux très minces rectangles de 36 x 24 cm. Étalez un des deux rectangles sur une planche farinée.
- Mélangez à la fourchette dans une jatte : la ricotta, la moitié du parmesan, le persil, du sel fin et du poivre noir en grains. Travaillez jusqu'à ce que tout soit bien mêlé et déposer cette farce en 6 tas espacés de 12 cm les uns des autres.
- Façonnez chaque tas en forme de petit nid.
- Cassez un œuf au-dessus d'un bol en séparant le blanc du jaune.
- Placez ce dernier dans le creux de chaque nid et faites de même avec les cinq autres.
- Couvrez avec la seconde feuille de pâte et pressez les bords (veillez à ce que l'air ne reste pas emprisonné).
- Avec un emporte-pièces rond de 12 cm, divisez les ravioli.
- Appuyez tout le tour avec les doigts pour sceller parfaitement les bords.
- Dans une casserole inoxydable, faites fondre à feu doux sauge et beurre avec un peu de sel et du poivre.
- Mettez de l'eau à bouillir dans une casserole, ajoutez le sel lorsqu'elle est en ébullition et déposez-y les ravioli pour 2 min de pochage.
- Lorsqu'ils remontent à la surface, sortez-les avec une écumoire et posez- les sur un linge. Déposez un ravioli par assiette, chauffée, saupoudrez avec 1/6 du reste de parmesan, arrosez de beurre à la sauge et servez aussitôt. **PAGE 97**

Orecchiette (petites oreilles) à la sauce aux poivrons *

Les orecchiette sont des pâtes des Pouilles et plus spécialement d'Apulie, à l'extrême sud de la "Botte". Les orecchiette sont obtenues en creusant un rond plus ou moins grand de pâte à nouilles, sans œufs, le creux servant à recevoir la sauce. Vous pouvez aussi incorporer à la pâte des herbes hachées ou des légumes blanchis et hachés très finement.

- *2 poivrons verts ou jaune*
1 tête d'ail
2 c. à s. d'huile d'olive extra-vierge
sel, poivre

- Préchauffez le four th 7 (210°). Faites-y cuire 20 min les poivrons lavés et la tête d'ail entière non épluchée.
- Lorsque les poivrons sont tendres, pelez-les, éliminez les graines et les filaments blancs intérieurs.
- Pelez l'ail.
- Mixez en purée ail et poivrons avec 2 cuillerées d'huile. Salez, poivrez, et réservez au bain-marie pendant que vous cuisez les orecchiette. **PAGE 98**

Petites pizzas sucrées *

- *150 g de farine tamisée*
150 g de sucre en poudre
150 g de provolone fumé (ou d'emmental) râpé
1 œuf entier et 2 jaunes
1 c. à s. de sucre glace
1l d'huile d'olive pour friture

- Mélangez farine, fromage et sucre, puis versez le tout en tas sur le plan de travail.
- Faites une fontaine, déposez l'œuf entier et les deux jaunes. Mélangez-les à la fourchette, puis incorporez peu à peu la farine mélangée, en partant de l'intérieur.
- Pétrissez avec la paume 10 min jusqu'à ce que la pâte soit lisse et élastique.
- Abaissez au rouleau sur une épaisseur de 3 mm.
- Découpez des rondelles de 8 cm à la roulette dentelée.
- Chauffez l'huile dans une bassine à friture.
- Plongez les petites pizzas jusqu'à ce qu'elles remontent dorées à la surface.
- Retirez-les à l'écumoire sur du papier absorbant.
- Rangez-les sur un plat saupoudrées de sucre glace.
- Servez brûlant, accompagnées ou non d'une glace à la vanille. **PAGE 99**

Tarte aux cheveux d'ange **

- *225 g de ricotta*
3 œufs
100 g de sucre en poudre
1 orange non traitée
100 g de fruits confits
100 g d'amandes mondées
200 g de "cheveux d'ange"
25 g de beurre

- Râpez le zeste de l'orange dans une jatte.
- Séparez blancs et jaunes.
- Faites griller les amandes dans une poêle, puis hachez-les grossièrement. Hachez menu les fruits confis.
- Beurrez un moule à tarte et saupoudrez avec la moitié des amandes.
- Tamisez le fromage fractionné au-dessus de la jatte.
- Ajoutez les jaunes d'œufs, le sucre, les fruits confits et le reste des amandes. Travaillez bien le tout.
- Préchauffez le four à th 6.
- Montez les blancs en neige.
- Faites cuire les cheveux d'ange à l'eau bouillante. Égouttez aussitôt. Incorporez-les au mélange de la jatte, remuez.
- Ajoutez les blancs en neige. Versez dans le moule et cuisez 1 h. Démoulez et servez aussitôt. **PAGE 99**

recettes pâtes

LES SECRETS… DANS LA CUISINE D'UNE VOYAGEUSE

Polenta aux fruits confits *

■ *250 g de semoule de maïs*
75 g de beurre doux
70 cl. d'eau de source
40 cl. de crème légère
1 gousse de vanille
100 g de sucre en poudre
150 g de fruits confits hachés
sel fin

▪ Portez l'eau à ébullition. Lorsqu'elle bout, jetez-y le sel, puis la semoule et le beurre (50 g).
▪ Baissez le feu, remuez sans cesse pendant 15 min. (3 min si la semoule est précuite.)
▪ Chauffez, jusqu'à ébullition, la crème avec la vanille fendue en 4.
▪ Versez dans la semoule, tournez (vivement au début pour bien mélanger) pendant 10 min (ou 5 pour la version précuite).
▪ Ajoutez le sucre en pluie, mélangez pendant 5 min (ou 1 min), éteignez.
▪ Ajoutez les fruits hachés.
▪ Beurrez un moule, versez-y la polenta, laissez-la refroidir à température ambiante. Entreposer au frais.
▪ Servez démoulé avec un coulis de fruits rouges.
PAGE 99

Aubergines au yaourt grec *

■ *3 belles aubergines*
1 pot de yaourt grec
(plus acide et plus épais)
1 gousse d'ail
menthe
basilic
sel

▪ Coupez les aubergines dans le sens de la longueur en tranches de 1 cm d'épaisseur environ.
▪ Faites-les frire au fur et à mesure et déposez-les sur du papier absorbant, épongez-les pour supprimer l'excédent d'huile de friture.
▪ Mélangez le yaourt avec l'ail écrasé, la menthe, le basilic et le sel.
▪ Dans un plat, rangez les tranches d'aubergines et assaisonnez avec de la sauce au yaourt.
▪ Servez frais. **PAGE 100**

Salade de poulpe aux pois chiches *

■ *1,5 kg de de poulpe*
500 g de pois chiches
trempés la veille
poivre rouge en grains
persil
3 gousses d'ail
huile d'olive
12 feuilles de laurier
sel et poivre

▪ Faites bouillir le poulpe pendant environ 1 heure (jusqu'à ce qu'il soit devenu bien tendre) avec 6 feuilles de laurier, du sel et du poivre.
▪ Faites bouillir les pois chiches avec les 6 autres feuilles de laurier, 2 gousses d'ail entières, sel et poivre.
▪ Laissez refroidir.
▪ Coupez le poulpe en morceaux et mélangez-le avec les pois chiches égouttés, persil, ail écrasé, huile d'olive, sel et poivre en grains.
PAGE 100

Spaghetti au corail d'oursin *

■ *une vingtaine d'oursins*
bien pleins
600 g de spaghetti
2 gousses d'ail
huile d'olive
1 verre d'eau de mer
persil
sel

▪ Faites cuire les spaghetti "al dente" dans beaucoup d'eau salée.
▪ Dans une poêle, faites chauffer une cuillerée d'huile d'olive avec l'ail écrasé et faites-y sauter le corail des oursins très rapidement.
▪ Rajoutez l'eau de mer légèrement réchauffée.
▪ Laissez réduire pendant deux minutes à peine.
▪ Versez cette sauce sur les spaghetti juste égouttés, mélangez en ajoutant un peu d'huile d'olive.
▪ Servez sans attendre, très chaud. **PAGE 102**

Pasta aux olivettes *

■ *5 kg de tomates*
«olivettes», fermes bien
rouges et bien mûres
600 g de macaroni
4 anchois au sel
1 gousse d'ail
100 g d'olives noires
dénoyautées
basilic
huile d'olive
sel et poivre

▪ Mettez les tomates en morceaux dans un grand saladier avec les olives, l'ail écrasé, le basilic, beaucoup d'huile d'olive, le sel et les anchois.
▪ Laissez macérer pendant deux heures.
▪ Cuisez les pâtes dans de l'eau salée "al dente".
▪ Mélangez les pâtes avec la préparation.
▪ Servez tiède. **PAGE 102**

Soupe de sago au lait de coco *

■ *100 g de sago (tapioca)*
2 l de lait de coco en poudre
1 pastèque
1 melon
sucre noir de canne

▪ Faites cuire le sago dans une grande quantité d'eau, égouttez-le puis rincez-le lorsqu'il est cuit.
▪ Découpez la pastèque et le melon en boules régulières.
▪ Faites fondre doucement le sucre de canne avec l'équivalent d'une tasse d'eau. Laissez bouillir jusqu'à ce qu'il devienne liquide et qu'il se colore. Laissez refroidir.
▪ Mélangez le sago et le lait de coco préparé.
▪ Déposez dans ce mélange les boules de pastèque et de melon.
▪ Versez dessus le sucre de canne liquide.
▪ Servez froid. PAGE 103

RECETTES INSPIRÉES DE PAOLA NAVONE

Salade de câpres de Michele *

■ *500 g de câpres salées de Salinas*
1 bouquet de menthe fraîche
3 belles gousses d'ail
1 c. à s. de vinaigre de vin blanc et "quanto basta" (autant) de très bonne huile d'olive extra-vierge

▪ Pour les câpres en saumure, un égouttage, puis un rinçage soigné sous l'eau courante, sont nécessaires.
▪ Goûtez-les ensuite et, si vous les trouvez encore salées, laissez-les tremper 5 min dans de l'eau fraîche puis égouttez-les. Si elles doivent entrer dans un plat auquel il ne faut pas d'humidité supplémentaire, étendez-les sur un linge.
▪ Choisissez-les toujours petites et bien fermées, comme celles que l'on trouve sur l'île de Salinas.
▪ Épluchez puis dégermez les gousses d'ail. Mettez-en une dans un mortier avec du sel et du poivre, et écrasez-la avec un petit pilon tout en versant l'huile d'olive en filet jusqu'à formation d'une crème.
▪ Détendez cette crème, en fouettant, avec le vinaigre et encore un peu d'huile.
▪ Lavez puis effeuillez la menthe, et ciselez-la.
▪ Conservez les petites sommités de chaque branche pour décorer le plat (décor qui se mange).
▪ Versez les câpres dans un petit plat creux bien froid.
▪ Ajoutez les deux gousses d'ail restantes, légèrement écrasées avec le manche d'un couteau et taillées en copeaux, la menthe ciselée.
▪ Mélangez délicatement. Versez la sauce et mélangez de nouveau.
▪ Servez frais.
Cette salade est délicieuse telle quelle, mais on peut l'accompagner de tomates, d'aubergines confites ou de poivrons. PAGE 106

Spaghetti aux câpres et aux amandes *

■ *700 g de spaghetti*
60 g de câpres salées
125 g d'amandes en poudre
1 branche de basilic frais
3 c. à s. d'huile d'olive
4 belles tomates
2 gousses d'ail
sel, poivre du moulin

▪ Rincez les câpres à l'eau fraîche et égouttez-les.
▪ Écrasez l'ail épluché et hachez-le finement.
▪ Lavez, effeuillez le basilic et ciselez-le.
▪ Pelez les tomates, coupez-les en 4, épépinez-les et laissez-les s'égoutter.
▪ Chauffez deux cuillères d'huile dans une petite sauteuse à feu doux.
▪ Mettez-y l'ail et la poudre d'amandes, mélangez et laissez cuire 3 à 4 min en remuant.
▪ Ajoutez les câpres, mélangez et laissez mijoter 4 à 5 min.
▪ Parsemez de basilic (réservez-en un peu), mélangez, éteignez aussitôt et couvrez après avoir poivré.
▪ Dans une autre sauteuse, chauffez sur feu moyen, une cuillère d'huile.
▪ Recoupez en deux chaque quartier de tomate et jetez-les dans l'huile. Laissez l'humidité s'évaporer, écrasez légèrement à la fourchette, salez et poivrez, couvrez et éteignez.
▪ Faites cuire "al dente" les spaghetti dans beaucoup d'eau salée avec un filet d'huile d'olive.
▪ Égouttez-les et mettez-les dans un plat creux bien chaud, versez dessus la sauce aux câpres, mélangez.
▪ Ajoutez les tomates compotées, saupoudrez d'un nuage d'amandes en poudre, des feuilles de basilic ciselées réservées.
▪ Servez. PAGE 107

AU FIL DES RIVIÈRES,
SUR LES RIVAGES DES MERS
ET DES OCÉANS, DANS LE SABLE
OU DANS LES PRÉS, SANS TABLE
NI CHAISES, ON PICORE
DU BOUT DES DOIGTS
ET DES YEUX, SAVOURANT
AUTANT LA NATURE EN LIBERTÉ
QUE LES NOURRITURES
DES VACANCES.

pique-nique

LES PLAISIRS DES BORDS DE MARNE

SALADE DE PETITS LÉGUMES VERTS P.134

ŒUFS BROUILLÉS VERTS ET ROSES P.134
TATIN DE SAUMON EN LAITUE P.134

CRUDITÉS AUX 3 SAUCES P.134

TOURTE D'ÉTÉ P.135

La vieille barque est amarrée au bout d'un ponton de planches noircies par les eaux de la rivière. On la charge des plats que, la veille, une joyeuse troupe a concoctés pour ce dimanche au bord de l'eau. Même les œufs brouillés ont retrouvé leurs coquilles et leurs boîtes, prêts à embarquer. Dans des torchons humides, la tourte a tiédi, comme la tatin de saumon. Les petits légumes, crus ou cuits, sont aussi de la fête. La vaisselle de camping en inox se raffine de jardinières et de mini seaux de métal galvanisé. On accroche les bouteilles de petit vin blanc par une ficelle aux flancs du bateau pour qu'elles rafraîchissent au fil de l'eau. Embarquement immédiat pour les plaisirs et les guinguettes de la Marne.

ROULADE DE BARBUE P.135

DÉJEUNER SUR L'HERBE DE NORMANDIE

▲ **TOURTE AUX POIRES DE MESNIÈRES**
P.136

DOUILLONS, BOURDELOTS ET BOURDES P.136

Les dames de la côte, plutôt que celles de la maison Tellier, chères à Maupassant, ont quitté la Manche pour les vagues de verdure et les pommiers normands. Elles sont prêtes pour une partie de campagne qui célébrera la noce des fruits de la terre et de la mer. Le cidre y jouera sa note acidulée et la crème fraîche s'y fera plus veloutée. Sur la grande nappe de toile bise, à l'ombre des cerisiers, on étale la roulade des filets de barbue, la grande salade composée venue du pays de Caux, et les brochettes de boudins blanc et noir aux dés de pommes, allongées dans une corbeille de fil de fer. La ronde des desserts fruités est menée par la tourte aux poires, viennent ensuite les pâtes blondes des douillons, bourdelots et autres bourdes, nichés dans de la porcelaine blanche à motifs en relief. On arrosera ces délices tout du jus de pommes et de cidre des carafes et des pichets. Les larmichettes de calvados, de trou normand, en digestif, achèveront de mettre la compagnie en joie.

SALADE CAUCHOISE P.137

Façon sushi, des tronçons de concombre sont farcis de fines tranches de saumon mariné. On les déguste avec une sauce à la moutarde et à l'aneth.

SANDWICH
SAVEURS D'ITALIE P.137

DES SANDWICHES SUR LA TAMISE

La petite vedette qui fend l'eau au sortir d'Oxford luit de tous ses chromes et ses acajous vernis. Les clapotis font tressauter la vaisselle tout terrain en inox et en plastique. Des boîtes, bien hermétiques, protègent les savoureux sandwiches que le très britannique Kevin Gould a imaginés pour une famille affamée de navigateurs en eau douce. Sandwich reconstituant dans un pain au sésame ou au pavot qui mêle les cœurs d'artichaut à la courgette grillée. Pains italiens pour un classique tomate mozzarelle pesto.

Trichant un peu, il y a, alignées dans des boîtes étanches, des crevettes cuites à la vapeur, des tronçons de concombre farcis de saumon et des roulades d'aubergines au poivron. Mais les tranches de pain, avec ou sans cheddar, restent les vedettes de cette mini-croisière. Le café brûlant, dans son Thermos, réchauffera les cœurs tandis que la glace à la vanille refroidira les ardeurs, dans un semi-freddo très britannique.

SANDWICHES
AU GOÛT DU SUD P.137
À L'ANGLAISE P.137

PIQUE-NIQUE DANS LA DUNE

SARDINES GRILLÉES FARCIES P.138

Une grande famille en goguette s'est éparpillée autour des touffes de graminées. Les dunes de la Charente-Maritime sont propices aux flirts cousin-cousines et les maris, les femmes, les amis, les amants, sont prêts pour les agapes sur le sable blond. Il y a le ciel, le soleil et la mer, et, sur la jolie nappe à carreaux, les sardines sont prêtes sur le gril. À côté des bouteilles de boissons pétillantes attend une dame-jeanne d'un vin de pays frais et fruité.

TOURTEAU
FROMAGÉ P.138

BAR EN CROÛTE
DE SEL P.138

Dans une collection de paniers de bois et d'osier, chacun a apporté son écot, ses instruments et ses assaisonnements. On allume le feu de brindilles et d'aiguilles de pins, et bientôt grillent et craquent palourdes, clams, praires et coques, ramassés dans les sables humides à marée basse. Tout près fondent les pommes de terre dans leur robe d'aluminium et le bar lui, se pare d'une croûte de gros sel de Noirmoutier, tous prêts à sauter au feu. Pour le dessert, le panier de Caroline s'est chargé, à la pâtisserie voisine, de tourtes au fromage blanc et de galettes aux amandes. Les bruits des vagues berceront au final les siestes des amoureux rassasiés.

PALOURDES, CLAMS, PRAIRES
OU GROSSES COQUES GRILLÉES P.138
POMMES DE TERRE EN ROBE D'ALU
ET SAUCE AU BEURRE COMPOSÉ P.139

SOUPE AIGRE-DOUCE
SINIGANG P.139

ESCALE DANS LES MERS DU SUD

La cabane est couverte de paille et consolidée de bois flottés. Les palétuviers, les palmiers et les bananiers bruissent derrière la plage de sable blanc. On est quelque part entre l'extase et les tropiques et tous les exotismes sont permis et même recommandés. Dans une calebasse de bois brut, s'entassent des pastèques, des noix de coco et des bananes qui ont achevé de mûrir au régime ficelé sur le pilier de la cuisine ouverte aux alizés. C'est l'endroit rêvé pour faire jouer les épices avec les crustacés. Dans des soupes torrides, recommandées par grosse chaleur, flottent les piments brûlants, rouges et verts, au milieu des clams, des grosses crevettes et des calmars.

Sur de larges feuilles de bananier, découpées et posées sur des panneaux tressés, les fruits de mer exaltent les odeurs de lait de coco, de citronnelle et de tamarin. Des crabes se farcissent de légumes et d'ail et enrubannent leur coquille d'une feuille d'arbre vernissée. On mange, tropique oblige, avec ses doigts, et les cuillères taillées dans l'écaille ne servent qu'à remuer ces mélanges relevés de goûts venus d'ailleurs... peut-être même du paradis.

CREVETTES AU LAIT DE COCO P.139

▲ **CRABES**
FARCIS P.139

LES PLAISIRS DES BORDS DE MARNE

Œufs brouillés verts et roses *

■ *12 œufs bien frais*
20 cl de crème fraîche
1 bouquet de ciboulette
1 bouquet de cerfeuil
100 g de tarama
30 g de beurre
sel et poivre fraîchement moulus

▪ Au-dessus d'un grand bol, ouvrez 6 œufs à l'aide d'un coupe-œuf, videz-les dans un bol, rincez rapidement les coquilles et les couvercles sous l'eau froide et égouttez-les sur une feuille de papier absorbant.
▪ Ajoutez aux œufs la ciboulette et le cerfeuil finement ciselés, la moitié de la crème fraîche, salez, poivrez et battez vivement à la fourchette.
▪ Dans une petite casserole, faites fondre 15 g de beurre, versez-y la préparation et faites cuire à feu moyen en tournant avec une cuillère en bois jusqu'à ce que le mélange soit crémeux, onctueux.
▪ Retirez du feu, remplissez les coquilles à l'aide d'une cuillère, reposez les couvercles et rangez les œufs dans leur boîte d'origine.
▪ Recommencez l'opération pour les œufs roses en remplaçant les herbes par le tarama. Conservez au frais.
PAGE 114

Tatin de saumon en laitue *

■ *350 g de saumon fumé (chutes)*
3 gros œufs
1 grosse laitue
20 cl de crème fraîche
1 bouquet de ciboulette
10 g de beurre
1 pincée de cayenne, sel, fraîchement moulus

▪ Lavez la laitue et gardez entières les grandes feuilles.
▪ Mixez le saumon fumé et hachez le reste de laitue.
▪ Dans un grand bol, mélangez le saumon, la laitue hachée, les œufs, la crème fraîche, la ciboulette finement ciselée, la pincée de Cayenne, un peu de sel.
▪ Beurrez un moule à manqué et tapissez-le avec des feuilles de laitue.
▪ Versez la préparation dans le moule et couvrez des feuilles de laitue restantes.
▪ Couvrez d'une feuille d'aluminium et faites cuire au four 50 minutes, th 7.
▪ Démoulez sur un plat et laissez refroidir. PAGE 114

Salade de petits légumes verts *

■ *500 g d'asperges vertes*
500 g de petites pommes de terre nouvelles
1 bouquet de persil
500 g de petites courgettes
250 g de fromage blanc lisse à 20% de matière grasse
1 bouquet de cerfeuil
1 botte de cresson
1 petite c. à c. de moutarde
3 c. d'huile d'olive
sel et poivre fraîchement moulus

▪ Épluchez les légumes et faites-les cuire à la vapeur.
▪ Hachez le persil et mélangez-le aux pommes de terre quand elles sont cuites.
▪ Lavez le cresson et égouttez-le soigneusement.
▪ Dans un saladier, disposez légumes et cresson.
▪ Dans un grand bol, mélangez le fromage blanc, le sel, le poivre, la moutarde, l'huile et le cerfeuil finement ciselé.
▪ Servez les légumes et la sauce séparément.
PAGE 115

Crudités aux 3 sauces *

■ *1 botte de petits artichauts "poivrade"*
1 botte de petites carottes nouvelles
300 g de mini-tomates "roma"
200 g de mini-concombres
■ *Pour les sauces*
500 g de fromage blanc lisse de 20% de matière grasse
1 poivron rouge
1 petit bouquet de menthe
1 petite gousse d'ail
1 boîte de sardines à l'huile
1 citron
quelques cuillères d'huile d'olive
sel et poivre fraîchement moulus

▪ Lavez, essuyez les légumes et réservez-les au frais dans un torchon propre.

Sauce au poivron :
▪ Coupez le poivron en 4, enlevez les graines et la partie filandreuse.
▪ Coupez-en 1/4 en tout petits dés réguliers.
▪ Mixez ensemble un 1/3 du fromage, les 3/4 du poivron restants et 2 cuillères à soupe d'huile d'olive.
▪ Versez dans un bol.

- Salez, poivrez et ajoutez les petits dés de poivron.

Sauce à la menthe :
- Réservez quelques jolies feuilles de menthe.
- Mixez 1/3 du fromage blanc, la gousse d'ail épluchée, coupée en deux et 2 cuillères d'huile d'olive.
- Versez dans un bol, salez, poivrez et ajoutez les feuilles de menthe.

Sauce aux sardines :
- Sortez les sardines de leur boîte, conservez leur huile.
- Débarrassez-les de leur arête centrale, mixez-les avec le fromage blanc restant, le jus de citron et 2 cuillères de leur huile.
- Versez dans un bol, salez, poivrez et ajoutez quelques zestes de citron coupés très finement. **PAGE 116**

Tourte d'été *

- *Pour la pâte*

400 g de de farine
200 g de beurre
sel

- *Pour la garniture*

6 tranches de jambon blanc cuit
6 œufs
250 g d'épinards cuits
200 g de gruyère râpé
1 beau poivron rouge
30 g de beurre
sel et poivre fraîchement moulus

- Dans une grande terrine, travaillez rapidement du bout des doigts la farine, une grosse pincée de sel et le beurre ramolli coupé en petits morceaux.
- Quand le mélange est sableux, ajoutez quelques cuillerées d'eau froide et formez rapidement une boule. Ne travaillez pas trop la pâte, elle deviendra dure.
- Battez les œufs et faites-en 3 petites omelettes fines dans une poêle avec le beurre. Réservez-les.
- Lavez, essuyez et coupez le poivron en lanières.
- Égouttez les épinards, hachez-les en gros et mélangez-les au fromage râpé.
- Étendez la pâte, réservez-en un quart et foncez un moule à manqué. Garnissez en alternant avec le jambon, les épinards au fromage, les lanières de poivron et les omelettes.
- Salez et poivrez légèrement entre chaque couche.
- Étendez la pâte restante au rouleau, couvrez-la en tourte et soudez les bords avec un peu d'eau.
- Retournez le tout sur une grande tourtière, décorez avec les chutes de pâte, faites une cheminée pour que la vapeur puisse s'échapper pendant la cuisson, et mettez au four th 7 pendant 1 heure.
- Laissez refroidir sur une grille. **PAGE 117**

Roulade de barbue **

- *2 barbues de 1,8 kg chacune*

1/2 l de fumet de poisson
1 tasse à thé de mie de pain
2 c. à soupe de crème
1 bouquet de ciboulette
2 c. à soupe d'herbes ciselées
100 g de champignons de Paris
17 cl de cidre sec
60 g de beurre

- Au moment de l'achat, faites lever les filets des deux poissons.
- Nettoyez les champignons dans plusieurs eaux.
- Hachez-les finement et mettez-les à fondre dans une casserole avec la moitié du beurre.
- Couvrez et, à petit feu, laissez cuire 10 min, éteignez.
- Beurrez un plat allant au four, assez grand pour contenir les 8 filets roulés sans qu'ils soient serrés.
- Ciselez la ciboulette.
- Préchauffez le four th 7.
- Dans une jatte, mélangez les champignons cuits et égouttés (vous avez conservé leur jus de cuisson), mie de pain, crème, sel et poivre, herbes et ciboulette.
- Lorsque le tout est homogène, étalez les filets sur une planche.
- Déposez de la farce tout le long et au milieu avec une spatule. Roulez les filets sur eux-mêmes et ficelez-les.
- Rangez les filets debout dans un plat.
- Passez le fumet au chinois au-dessus d'une casserole, ajoutez-lui le jus de cuisson restant dans les champignons et le cidre.
- Versez le mélange dans le plat en évitant les roulés.
- Recouvrez le tout d'une feuille d'aluminium préalablement beurrée et enfournez 15 min à th 7, puis 5 min th 5, et enfin éteignez et laissez reposer 5 à 7 min dans le four éteint.

PAGE 119

DÉJEUNER SUR L'HERBE DE NORMANDIE

Tourte aux poires de Mesnières **

▪ *Pour la pâte*
250 g de farine
150 g de beurre mou
2 c. à s. de sucre
2 œufs
1 pincée de sel
▪ *1 8 kg de poires*
60 g de beurre
+ 30 g pour le moule
1 c. à s. de sucre roux
1 gousse de vanille
200 g de confiture d'abricot

▪ La pâte peut se faire 24 heures à l'avance : mélangez dans une grande jatte la farine, le sucre et le sel. Creusez un puits et cassez les œufs dedans.
▪ Fractionnez le beurre (très ramolli) et travaillez-le à la cuillère en bois en le mélangeant d'abord aux œufs puis en faisant tomber peu à peu la farine dessus.
▪ Travaillez jusqu'à ce que la pâte soit bien homogène.
▪ Ramassez-la en boule dans la jatte, couvrez d'un torchon et laissez reposer 45 min ou mieux, 24 h.
▪ Le lendemain, beurrez (30 g) un moule à bords hauts. Partagez la pâte en deux parts : 1/3, 2/3.
▪ Étalez la pâte, un rond assez grand pour le fond et un autre rond à la dimension du moule. Garnissez le moule de pâte, réservez le rond "couvercle" et préparez la garniture.
▪ Préchauffez le four th 6. Pelez les poires, coupez-les en 8 quartiers.
▪ Faites chauffer le beurre dans une grande poêle et jetez-y les quartiers.
▪ Laissez dorer d'un côté, retournez et saupoudrez de sucre, mélangé avec l'intérieur de la gousse de vanille prélevé à la cuillère.
▪ Ajoutez la confiture d'abricots. Remuez délicatement et éteignez aussitôt.
▪ Piquez le fond de la pâte avec une fourchette, rangez les quartiers dessus, versez toute la cuisson et couvrez du rond de pâte en mouillant les bords pour bien faire adhérer.
▪ Percez un trou au centre et passez sur la pâte un pinceau trempé dans du lait.
▪ Enfournez pour 1 h environ en baissant la température après 40 min, à th 5.
▪ Servez tiède avec la crème fraîche épaisse, fouettée ou non. **PAGE 119**

Douillons, bourdelots et bourdes **

▪ *8 pommes ou 8 poires à chair ferme*
250 g de farine
2 œufs moyens
7 cl de lait bouilli froid
200 g de beurre
80 g de sucre roux
1 pincée de sel fin
▪ *Pour le sirop de pochage*
1 bouteille de cidre doux
20 cl de sirop de canne à sucre
1 petit verre de calvados

▪ Pochez les fruits à demi.
▪ Préparez la pâte : mettez dans une jatte, la farine, le sel, mélangez.
▪ Ajoutez 100 g de beurre fractionné et 2 œufs battus.
▪ Travaillez avec une cuillère en bois en ajoutant un peu de lait froid pour obtenir une pâte homogène.
▪ Farinez un plan de travail, étalez la pâte au rouleau, puis repliez-la en 4 et recommencez 4 fois l'opération en farinant, s'il le faut le rouleau et la planche.
▪ Ramassez enfin en carré replié, enveloppez dans de l'aluminium et laissez reposer 2 h si possible, sinon 30 min au frais.
▪ Préparez le sirop de pochage : portez à ébullition le cidre avec le sirop, sans couvrir. Laissez bouillotter 10 minutes.
▪ Pelez, épépinez les fruits. Retirez les cœurs.
▪ Disposez les fruits dans le récipient (le sirop doit les couvrir aux 2/3) et laissez pocher 10 min à feu doux.
▪ Retirez avec précaution et déposez sur une grille à pâtisserie. Les fruits cuits peuvent attendre au frais.
▪ Lorsque les fruits sont froids, étalez à nouveau la pâte en un fin rectangle.
▪ Taillez dedans des ronds pour envelopper chaque fruit et déposez-le sur son rond de pâte. Au cœur, posez une farce faite de 100 g de beurre travaillés avec sucre roux et calvados.
▪ Relevez la pâte tout autour, mouillez les bords froncés pour bien souder, faites, dans les chutes, des feuilles que vous humectez avant de les coller contre la pâte.
▪ Dorez au pinceau avec un œuf battu au lait et faites cuire environ 15 min.
▪ Éteignez, entrouvrez le four, laissez 5 min et sortez les douillons. **PAGE 121**

Salade cauchoise *

■ *4 pommes de terre*
3 pommes fruits
(Calville ou Reinette)
2 branches de céleri
1 tranche de 200g
de jambon
1 échalote
1 oignon
persil, cerfeuil,
estragon, ciboulette
1 c. à s. de moutarde forte
3 c. à s. d'huile d'arachide
1 c. à s. d'huile de noix
2 c. à s. de vinaigre de cidre
2 c. à s. de crème épaisse
1 pincée de sucre

▪ Émincez le céleri.
▪ Taillez le jambon grossièrement en julienne.
▪ Pelez, épépinez et émincez les pommes.
▪ Disposez les lamelles dans un saladier et arrosez légèrement de vinaigre de cidre.
▪ Hachez fin l'échalote et l'oignon, ajoutez-les sur les pommes. Ciselez les herbes et réservez-les.
▪ Préparez la sauce en mélangeant les éléments et en ajoutant la crème à la fin.
▪ Épluchez les pommes de terre cuites dans leur peau lorsqu'elles sont encore chaudes, émincez-les.
▪ Mélangez-les à la sauce, ajoutez délicatement le tout aux pommes.
▪ Parsemez de céleri et de jambon puis de toutes les herbes ciselées et servez frais. PAGE 121

Sandwiches *

Saveurs italiennes :
▪ Dans un pain au sésame et au pavot, fendu sur le dessus pour que la garniture ne s'échappe pas, un mélange de courgettes grillées dans un peu d'huile d'olive, "al dente", des cœurs d'artichaut, de la roquette et du jambon de Parme.
PAGE 122

Aux goûts du Sud :
■ *Baguette aux céréales*
1 mozzarrelle de Buffala
persil, cerfeuil,
estragon, ciboulette basilic
1/2 gousse d'ail
350 g de champignons
de Paris
un peu de beurre
2 c. à s. d'huile d'olive

▪ Lavez, coupez les champignons en lamelles.
▪ Faites-les revenir au beurre chaud avec une pointe d'ail débarrassée de son germe. Retirez-les du feu encore croquants.
▪ Réservez-les en les laissant refroidir.
▪ Lavez, équeuttez et ciselez, les herbes, sauf le basilic dont vous laisserez les feuilles entières.
▪ Coupez la baguette en 2.
▪ Grillez-la légèrement pour qu'elle reste ferme.
▪ Tartinez-la d'huile d'olive.
▪ Disposez dessus : sur la moitié supérieure, le petit hachis d'herbes fraîches, la mozzarelle en tranches, feuilles de basilic entières et pignons.
▪ Sur l'autre moitié : sur les champignons de Paris refroidis, disposez des demi-tomates-cerises et le hachis d'herbes fraîches.
▪ Refermez et gardez au frais jusqu'au moment de consommer. PAGE 124

À l'anglaise :
■ *12 tranches de pain*
de mie un peu rassis
150 g de beurre doux
1 botte de cresson
2 c. à s. de moutarde forte
2 œufs durs
1 c. à s. de câpres
1 botillon de ciboulette
4 blancs cuits de poulet
4 tranches de jambon
fumé maigre
sel et poivre

▪ Préparez une"crème" à tartiner avec la moutarde et la crème, les œufs durs écrasés finement à la fourchette, les câpres, le cresson et la ciboulette ciselés, salez et poivrez.
▪ Taillez jambon et blancs de poulet en fines lanières.
▪ Beurrez 4 tartines de chaque côté et 8 d'un seul coté.
▪ Posez-en 4 de celles-ci, le côté beurré vers vous. Ce sera le socle.
▪ Tartinez de "crème" bien généreusement et déposez dessus les filaments de jambons et de poulet.
▪ Tartinez de "crème" le côté de la tranche beurrée que vous posez sur la première couche.
▪ Refaites la même chose sur l'autre côté de la tranche de mie de pain, tartinez de "crème" la partie beurrée de la troisième tranche et posez-la sur le tout en pressant doucement.
▪ Enveloppez dans une feuille de papier sulfurisé.
▪ Faites de même pour les trois autres sandwichs. Entreposez au frais jusqu'au moment de l'utilisation.
PAGE 124

recettes pique-nique

PIQUE-NIQUE DANS LA DUNE

Sardines grillées farcies *

24 sardines fraîches
1 bouquet de persil
2 branches de menthe
2 gousses d'ail
huile
1 cuillerée de chapelure
beurre demi-sel
sel, poivre

- Après avoir vidé et lavé les sardines, détachez les écailles avec les doigts sous le filet d'eau.
- Effeuillez les herbes, ciselez les feuilles, mélangez-les à la chapelure, aux épices et à une noix de beurre.
- Faites durcir quelques heures au réfrigérateur.
- Au moment de la cuisson sur braises douces, glissez dans chaque sardine un morceau du mélange.
- Faites cuire 30 secondes sur un côté et 20 sur l'autre. Mangez avec les doigts. PAGE 127

Bar en croûte de sel *

1 bar d'1,5 kg vidé, paré, mais non écaillé
1,8 kg de gros sel de Noirmoutier,
poivre, sel fin

- Lavez, séchez, assaisonnez l'intérieur du poisson.
- Taillez deux grandes feuilles d'aluminium.
- Étalez 400 g de gros sel au milieu de la feuille, posez le poisson dessus, versez le reste de gros sel en relevant tout le tour de l'aluminium et en formant un bourrelet. Le bar doit être caché dans le sel.
- Refermez en "ourlant" ensemble les 2 couches d'alu.
- Déposez sur un gril et mettez dans les braises.
- Laissez cuire 15 min d'un côté, 10 min de l'autre.
- Retirez des braises et laissez reposer, sans ouvrir, 5 minutes.
- Ouvrez la papillote, retirez la croûte de sel du dessus (la peau et les écailles partiront avec le sel).
- Retirez 2 filets, enlevez l'arête centrale, dégagez les deux autres filets.
- Servez avec un beurre fondu citronné. PAGE 128

Tourteau fromagé *

250 g de fromage frais de chèvre
115 g de sucre en poudre
1 pincée de sel fin (de Noirmoutier)
6 œufs
1 c. à s. de crème épaisse
1 c. à s. d'eau-de-vie
75 g de farine
25 g de beurre

Un drôle de gâteau, sphérique, noir comme un charbonnier, d'une fraîcheur inhabituelle et très agréable. Quelques précautions sont indispensables à la réussite du tourteau : du fromage blanc de chèvre et un four très chaud.

- Mélangez le sel et la farine.
- Au-dessus d'une grande jatte, passez le fromage au tamis (bien égoutté s'il est en faisselle).
- Ajoutez en travaillant le fromage, la crème, le sucre, les jaunes d'œufs un par un (réservez les blancs au frais dans une autre jatte), puis peu à peu la farine salée.
- Lorsque la masse est homogène, détendez-la avec l'eau-de-vie.
- Laissez reposer au frais dans un torchon propre.
- Choisissez un moule rond à bords hauts (4 à 5 cm) et beurrez-le.
- Chauffez le four à th 8-9.
- Sortez les blancs et fouettez-les en neige très ferme.
- Mélangez-en une bonne cuillerée à la pâte pour la ramollir puis incorporez le reste des blancs en soulevant et en travaillant vite.
- Versez le mélange dans le moule en vous arrêtant à 1 cm du bord pour permettre au tourteau de gonfler sans déborder.
- Enfournez pour 50 min environ à th 7/8.
- Éteignez, laissez tiédir 10 min à four entrouvert.
- Laissez ensuite refroidir à température ambiante avant de démouler et d'entreposer au frais. PAGE 128

Palourdes, clams, praires, ou grosses coques grillées *

Les palourdes, très estimées, sont comme les coques souvent sableuses, mais très iodées.

Lavez à grande eau et même brossez avec soin ces coquillages et préparez un "beurre composé" dont vous glisserez une noisette sur chaque bestiole avant de les déguster.

À côté, enfouies dans la braise, dans leur peau, enveloppées dans une feuille d'aluminium, cuisent des petites pommes de terre de l'île, que vous mangerez avec les coquillages.

PAGE 129

Sauce "beurre composé" *

- *4 échalotes grises*
1 gousse d'ail
1 bouquet de persil
100 g de beurre demi-sel
1/2 citron non traité
1 pincée de cayenne
1 verre de vin blanc sec
sel, poivre concassé

- Retirez les queues du persil, ciselez finement les feuilles dans un verre.
- Épluchez, hachez l'ail et les échalotes aussi fin que possible.
- Dans une petite casserole inoxydable, mélangez l'ail, les échalotes, le vin blanc et 25 g de beurre.
- Posez sur feu doux, ne couvrez pas et laissez réduire à une cuillère de vin.
- Ajoutez le persil, le cayenne et le poivre.
- Mélangez et ne salez pas.
- Hors du feu, ajouter le reste de beurre, prélevé du bout du fouet et battu entre chaque fragment introduit.
- Pressez le citron de temps en temps dans la sauce.
- Goûtez et rectifiez en sel.
- Tassez dans un récipient en plastique hermétique et mettez au frais jusqu'au pique-nique. **PAGE 129**

Pommes de terre en robe d'alu *

- *8 pommes de terre moyennes*
8 fines tranches de lard fumé
6 branches de persil simple
huile d'arachide
gros sel gris de Noirmoutier
poivre concassé

- Épluchez les pommes de terre, entourez-les d'une tranche de lard.
- Huilez le centre de 8 feuilles d'aluminium, répartissez le persil ciselé, une pincée de poivre et quelques grains de gros sel.
- Refermez la feuille d'aluminium autour et faites cuire 12 à 15 min de chaque côté sur braises douces.
- Vérifiez la cuisson.

PAGE 129

Soupe aigre-douce sinigang *

- *1,8 kg de crevettes*
1 oignon moyen émincé
200 g de tomates bien mûres
100 g de kangkong ou à défaut d'épinards
250 g de haricots verts
1 radis noir
2 c. à s. de patis (sauce au poisson)
20 g de poudre de tamarin ou de jus de citron
2 aubergines
3 piments verts, sel

- Nettoyez les crevettes et retirez-leur la tête.
- Dans une casserole, mettez 2 l. d'eau à bouillir.
- Mettez-y l'oignon émincé et les tomates coupées en deux et épépinées.
- Quand elles sont cuites, ajoutez le radis en rondelles, les aubergines en cubes, les haricots verts et les poivrons en lanières.
- Laissez cuire quelques minutes (jusqu'à ce qu'ils soient à moitié cuits). Ajoutez alors les crevettes, laissez frémir quelques minutes encore, ajoutez le kangkong. Assaisonnez de patis et de poudre de tamarin ou de citron. **PAGE 131**

Crevettes au lait de coco **

- *750 g de grosses crevettes*
2 oignons moyens
2 gousses d'ail
1 c. à c. de gingembre frais
2 piments verts ou rouges
1 c. à c. de curcuma en poudre
2 tasses de lait de coco
1 c. à s. d'huile
1 c. à c. de sel
le jus d'un citron

- Nettoyez les crevettes et décortiquez-les.
- Chauffez l'huile et faites-y revenir l'oignon émincé finement, l'ail écrasé dont vous aurez retiré les germes, le gingembre râpé.
- Ne laissez pas colorer.
- Ajoutez les piments lavés, épépinés et coupés en deux et le curcuma en poudre, puis le lait se coco, et le sel. La cuisson se fait à feu doux, à découvert et en remuant constamment pour empêcher le lait de tourner.
- Laissez frémir 10 minutes.
- Ajoutez alors les crevettes, laissez cuire doucement 10 à 15 minutes encore.
- Hors du feu, assaisonnez à votre goût, ajoutez pour finir le jus d'un citron.

PAGE 132

Crabes farcis *

- *8 crabes cuits à l'eau*
1 oignon
2 tomates
3 pommes de terre
1 piment doux, rouge ou vert
4 œufs
2 gousses d'ail écrasées
chapelure
huile

- Retirez la chair des crabes.
- Faites rissoler les pommes de terre en cubes, réservez.
- Dans une poêle, faites revenir oignons, ail, tomates hachées et petits morceaux de poivron doux.
- Après quelques minutes, ajoutez la chair des crabes et les pommes de terre, salez et poivrez à votre goût.
- Dans une jatte, battez vigoureusement les œufs.
- Nettoyez les carapaces des crabes et badigeonnez l'intérieur avec de l'œuf battu.
- Emplissez chaque carapace du mélange en tassant et attachez solidement avec une lanière de feuille.
- Saupoudrez de chapelure. Plongez-le dans l'œuf battu. Faites-le frire à l'huile très chaude avant de le déposer sur un papier absorbant. **PAGE 133**

table des recettes

HORS-D'ŒUVRES

SALADES

SOUPES

PÂTES

POISSONS ET VIANDES

DESSERTS

crédits | stylisme | remerciements

CRÉDITS PHOTOGRAPHES

ANDRÉ MARTIN
(PAGES 2, 3, 5 GAUCHE ET CENTRE, 8 CENTRE, 9 DROITE, 10 BAS, 11 À 23, 38, 39 BAS, 44 À 59, 67 GAUCHE, 68 À 83, 94 HAUT, 96 À 99, 104 À 107, 118 À 121, 126 À 129, 140 DROITE, 142 HAUT)

NOËLLE HOEPPE
(PAGES 4 HAUT, 7, 8 DROITE, 24 À 27, 40 À 43, 84 À 87)

MARIE-PIERRE MOREL
(PAGES 5 DROITE, 6, 8 GAUCHE, 28 À 31, 100 À 103, 112 BAS, 130 À 133, 140 CENTRE, 141 CENTRE ET DROITE)

JAMES MERRELL
(PAGES 4 BAS, 9 CENTRE, 39 HAUT, 112 HAUT, 122 à 125, 140 GAUCHE, 142, 143)

ALEXANDRE BAILHACHE
(PAGES 114 À 117)

BERNARD GRILLY
(PAGES 10 HAUT)

NICOLAS TOSI
(PAGES 9 GAUCHE, 94 BAS, 95, 141 CENTRE)

YUKATA YAMAMOTO
(PAGES 66, 67 DROITE)

STYLISME

MARION BAYLE
(PAGES 12 À 31, 40 À 47, 52 À 59, 68 À 87, 96 À 99, 104 À 107, 118 À 121, 126 À 129)

MARIE KALT
(PAGES 48 À 51)

MARIE KALT ET GAËL REYRE
(PAGES 122 À 125)

DANIEL ROZENSZTROCH
(PAGES 100 À 103, 130 À 133)

NELLO RENAULT
(PAGES 114 À 117)

REMERCIEMENTS

ISABELLE VERSINI
COORDINATION

ISABELLE REISINGER
EVA FUMOLEAU
CATHERINE SOUN
DAVID ALRIC-NICOL
VINCENT QUÉAU

PHOTOGRAVURE
PACKÉDIT, À PARIS

ACHEVÉ D'IMPRIMER
SUR LES PRESSES
DE POLLINA, À LUÇON
N° : L79768

DÉPÔT LÉGAL
1394 - AVRIL 2000

ISBN 2-84277-254-7
34/1416/6 - 01